子育てにとまどう母親たち

思春期外来で明かされたそれぞれの事情

武井明
Akira TAKEI

日本評論社

はじめに

子どものこころに何かトラブルが生じると、必ずといっていいほどお母さんの育て方が問題にされるのではないでしょうか。

まわりはこぞって、お母さんを責めたてます。家庭では夫やお姑さんから子どもに対するしつけがなってないと言われ、学校では先生から愛情が足りないのではと問われます。もしかすると、内科や小児科で、けんもほろろの扱いを受けているかもしれません。

本来なら、一緒に力を合わせ、子どものトラブルの解決に向けて取り組まねばならない人たちから責められ、お母さんには味方がいません。お母さん自身だって、自分を責めているのです。

思春期外来を訪れるお母さんたちは、勇気をふりしぼり、一縷の望みを託して、子どもと一緒に病院の門をくぐってくるのです。

家庭で子どもと長く一緒にいるのは、たいていがお母さんです。ですから、子どもたちのこころの問題の解決のためには、お母さんと精神科医が話をする時間がとても大切なものになります。

極端な言い方かもしれませんが、二週に一度、あるいは一か月に一度の外来受診で精神科医が子どもに与えられる影響なんてたかが知れています。普段から子どもと顔を合わせているお母さんが及ぼす影響のほうが、当然ながらはるかに大きいわけです。親子関係がより深まり、安定したものになることの治療的な意味はかなりのもので、子どもの症状の改善にもつながりやすいのです。

子どものこころのトラブルに出会って、傷つき、味方の少ないお母さんに精神的な余裕と元気を再び取り戻してもらうには、思春期外来での面接が欠かせません。

お母さんとの面接では、当然のことですが、まず子どもの問題から話が始まります。お母さんは、子どもが示す症状や問題行動に不安になったり、思いどおりにならないことで腹立たしく思ったりする状況を語ります。その一方で、自分の育て方が原因ではないかと自分自身を責める話も出てきます。

そして、面接を繰り返すうちに、子どものことだけではなく、夫やお姑さんなどに対する不満や怒りなども自然に訴えるようになっていきます。

さらに、こちらから直接触れるような質問をしなくても、自身が幼少時に親に甘えられなかったことや、自宅に一人残されて寂しい思いをしたことにまで話が及び、生い立ちに深く根ざした生きづらさが語られることもあります。これまで誰にも話すことができず一人で抱えていた不安、怒り、孤独感などについて涙を流しながら話してくれることもまれではありません。お母さんがこれまでため込んだ気持ちを診察室で吐き出すことができるようになると、それと並行して、たいていの場合、子どもの症状や問題行動に改善がみられるようになります。

この本では、思春期外来で出会ったお母さんたちが語ってくれた、内に秘めていたそれぞれの気持ちや事情を紹介していこうと思います。

お母さんを中心に述べてはいますが、お母さん自身の養育態度が原因で思春期の子どもたちのこころに問題が生じたと考えているわけでは決してありません。子どもたちのこころのトラブルには、本人の生まれつきもった素因、お父さんやきょうだいも含めた家族との関係、学校での友だちや先生とのつきあいなど複数の要因が複雑に絡んでいるからです。

ただ、実際に治療の場に現れるのは、子どもとお母さんであることが圧倒的に多いのです。お母さんの語りを耳にする機会は自然と多くなりますし、子どもを支えるキーパーソンとしてアプローチすることになるというわけです。お母さんたちを応援し、それによって子どもたちにも元気を取り戻してもらいたいと願ってやみません。

なお、この本でとりあげた症例は、実際に経験した症例をもとに、個人を特定できないよう本質を損なわない範囲で作り替え、いくつか組み合わせたものです。その点をお断りしておきます。

子育てにとまどう母親たち◉目次

1　干渉しがちなお母さんと無関心なお父さん

子どもと一緒に思春期外来を訪れるお母さんたちは、しつけや教育に一所懸命な人ばかりです。子どもたちの将来がよりよいものになることを願い、困ることのないようにと幼い時期からいろいろなことを教え、熱心に習いごとに通わせる人も少なくありません。早いうちにたくさんのインプットがあったほうが、賢い子に育ち、大人になってから幸せになると考えているのでしょう。

しかし、そんな子どもたちのなかに、思春期にいたって、さまざまな精神的な問題を示す者がいます。そうした子どもたちを前に、お母さんがたは、どうしたらいいものかと途方に暮れることになります。子育てのやり方が悪かったのではないかと自分自身を責める方も少なくありません。

子どもたちの将来のためにと思って懸命に頑張ったのに、なぜ、うまくいかなかったのでしょう。訪ねてきた母子にお目にかかると、子どもたちが望んでいるものとお母さんたちが望んでいるものとが大きくずれているのではないか、と考えさせられる場合があります。お母さんの期待に応えられなくなったとき、言葉で語ることができない子どもたちが「症状」というかたちをかりて、これ以上がんばれないというサインを出している、医者からするとそのように見えるのです。

この章では、お母さんたちのわが子を思う気持ちが、結果的に子どもを追い詰めてしまったように見える、そんなお母さんと子どもたちをご紹介しましょう。そして、そのようなお母さんと子どもたちが回復していく過程において、お父さんが果たしてくれる役割についても触れていければと思います。

たくさん習いごとをさせたい洋子さん

洋子さんは夫と息子の悠人くんの三人家族です。

彼女が子どもを連れて思春期外来に現れたのは、悠人くんが小学五年生のときでした。悠人くんにチックの症状があるというのです。

会社勤めの夫はとても仕事熱心で出張が多く、自宅にいることがほとんどありません。そのため、子育ては洋子さんが一人でやってきたそうです。悠人くんがまだ幼いころから習いごとをずいぶんさせています。一歳のときにはすでに英語のCDを聞かせて寝かしつけていました。二歳になるとひらがなを覚えさせ、三歳からは英語教室と絵画教室に通わせます。四歳のときにピアノと水泳教室が加わり、小学一年生からは学習塾にも行かせているということです。習いごとを嫌がるようなことは一度もなかったといいます。

悠人くんが小学三年生に上がったころから、何度も瞬きをしたり、顔をしかめたりする様子が見られるようになりました。

近くの小児科に連れて行ったところ、小児科医から「お母さんの愛情が足りないせいで、チックの症状が出ています」と言われ、児童精神科の受診を勧められたそうです。けれども、洋子さんは納得がいかず、精神科に連れていくのは見送って、しばらく様子をみることにしました。

小学四年生になると、本人が意図しないにもかかわらず、「アッ」「ウッ」という声が出はじめました。瞬きやしかめ面も一向におさまる気配がありません。そこで、ようやく精神科の受診を決心して、悠人くんを連れてやってきたというわけです。

診察中にも、悠人くんには瞬きやしかめ面、声出しが何度もおきます。典型的なチックの症状です。

洋子さんは訴えます。

「小児科の先生から愛情が足りないと言われましたが、そんなことは絶対にありません。私は悠人のために一所懸命に子育てをしてきました。自慢ではありませんが、手抜きをしたことは一度もありません」

二週間に一度の割合で通院してもらい、悠人くんの診察に加えて、洋子さんとも面接することにしました。

診察では、悠人くんとオセロや将棋をします。遊戯療法と呼ばれるやり方です。悠人くんは楽しみにしてくれて、毎回、嫌がらずに病院へやってきてくれました。

通院を始めて一か月後、悠人くんがピアノ教室を休むようになりました。これまで自分から習いごとを休みたいと言い出すことはなかったので、洋子さんはひどく戸惑いました。

最初のうち、洋子さんは、悠人くんのチックの原因を担任の指導のせいだと主張していました。

「担任の先生は、授業中、質問に答えられなかった生徒を立たせたままにしていると聞きました。悠人は答えられなかったらどうしようと不安になり、それがストレスになってチックの症状が出るようになったと思います」

そして、「チックを治すためには、悠人を転校させたほうがよいでしょうか?」と聞いてきます。

通院を始めてから三か月が経ちました。無意識に声が出る症状は少なくなりましたが、瞬きとしかめ面はまだ続いていました。

将棋が学校で二番目に強いという悠人くんですが、診察では毎回、主治医に負かされてしまうので、悔しそうです。

洋子さんはこれまでの子育てについて、こんなふうに語ります。

「悠人には、普通以上に何でもできる子どもになってほしいと思って育ててきました。悠人が将来困らないようにするために、幼いころから習いごとをたくさんさせてきました。でも悠人は習いごとを嫌がることは一切ありませんでした」

その一方で、少し考えが変わってきたようです。

「悠人が世間に出て恥ずかしくない人間になってほしいと思っています。これは親として当然の考えですよね。でも悠人には負担になっていたのでしょうか。悠人の気持ちも少し考えてみたいと思います」

春休みになりましたが、これまでのように塾の春期講習に行かせることはせず、悠人くんを自宅で自由にさせるようにしました。このあいだ、悠人くんのチックの症状が目立つことはありませんでした。

通院を始めて五か月が経ちました。小学六年生の新学期が始まると、瞬きやしかめ面が再び目立つようになりました。

この日の面接では、洋子さんの生い立ちの話になりました。

洋子さんの父親は会社員で、母親は看護師でした。洋子さんは一人っ子で、学校から帰宅するといつも一人で留守番をしていました。テレビを観たり、本を読んだりして過ごしましたが、とても寂しい思いをしていたそうです。寂しさをまぎらわせるため、ひたすら勉強してよい成績をあげましたが、両親はそれほどほめてくれませんでした。

その後、短大を卒業し、職場結婚して悠人くんを出産しました。

「自分自身、親がいなくても自分一人で何とか切り抜けてこれまで生きてきました。だから悠人にも自分と同じように一人で生きていけるようになってほしいと思って育ててきました」

悠人くんは親に反抗することもなく、チック症状が出るまでは期待どおりに育ってきたということです。

パートタイムの仕事を始めて

通院を始めて六か月が経ちました。悠人くんにはチックの症状がまだわずかにあるようです。この頃から洋子さんはパートタイムの仕事を始めました。

「もう少し社会とのつながりを持ち、自分のためになることをしたいので、パートタイムに出ることにしました。このまま家事と子育てだけで自分を終わらせたくないと思うようになったんです」

洋子さんはそう話してくれました。仕事を始めてから少し意見が変わったようです。

「今までの自分の育て方に問題があったと考えるようになりました。あれもこれも何でもきっちりと完璧にこなすことを悠人に求め過ぎていたような気がします。習いごとをきっちりとこなすのは大変だったのではないかと思います。自分がパートタイムに出てみると、ものごとを完璧にこなすのが不可能であるとよくわかりました。自分だって、仕事も人間関係もいつも中途半端です。それでもうまくいくものなんですね。もっとゆとりがないと窒息してしまいますよね」

通院を始めてから一〇か月が経ちました。「勉強しなさい」と言ってくる洋子さんに対し、悠人くんは「うるさい！　同じことを何度も言うな」と初めて反抗的な言葉を口にするようになったそうです。

悠人くんが、こんなふうに不満を打ち明けてくれました。

「お母さんは細かいことにまでいちいち口出しするのでうるさい。お母さんといるとイライラする。習いごとも本当はやりたくなかった。お母さんが無理やり行かせるので行っていただけなんだ」

このころになると、悠人くんは主治医と一緒に病院の体育館でバドミントンをするようになっていました。大きな声をあげながら楽しそうです。

洋子さんとの面接では、夫のことが話題になりました。

「夫は成績が優秀でしたが、経済的な理由から大学進学を断念しています。平日は帰宅が深夜になり、土日も出張に出かけるため、悠人と遊ぶことはほとんどありませんでした。それで、私が悠人とキャッチボールをしたこともあります。夫も悠人の教育には熱心で、私のやり方に賛成してくれていました」

悠人くんがチックになってからも、夫は相変わらず忙しく仕事をしていました。しかし、洋子さんが苦労していることを労ってくれるようになったそうです。たまの休日には、悠人くんと一緒に遊びに出かけることもあるとのことでした。

通院を始めて一年が経ちました。悠人くんにチックの症状はほとんどみられません。

悠人くんは習いごとをひとつに絞っています。元気に学校に通い、余裕ができたので放課後に友だちとよく遊びに出かけるようになりました。

洋子さんは、こんなふうに感想を漏らします。

「これまでの私は理想的な子どもの姿があって、それにはめようと努力してきたような気がします。今は、悠人が元気で子どもらしく振る舞えることが大事であるとわかりました」

チック症状が現れなくなって、一年二か月で治療を終了しました。その後、悠人くんは中学校に進学し、元気で過ごしているということです。

☞チックは、体質的な要因が関係している子どもの病気で、子育てのあり方が発症に直接的に関係している病気ではありません。しかし、精神的な緊張やストレスによって症状が変動するため、子どもの生活環境に注意を払う必要があります。

洋子さんは、自分が幼少期に誰にも頼らずにきた体験と、子どもが将来自活した生活を送れるようにさせたいという強い思いによって、悠人くんが幼いころから習いごとをたくさんさせてきました。

しかし、小学生になった悠人くんにはそれがかなりの負担となり、体質と相まってチックが現れるようになったと思われます。

悠人くんの治療を通して、洋子さんも自分自身のことを振り返って考えるようになりました。期待どおりの子どもになってほしいという考えに強くこだわっていた自分に気づくようになったのです。悠人くんの気持ちよりも、洋子さんのこうあってほしいという願いを最優先させていたわけです。

ここまで一所懸命になって悠人くんに習いごとをさせていたのは、洋子さん本人が自信がもてないということも関係していたのかもしれません。悠人くんをなんでもできる完璧な子どもに育てあげることで、自分も認めてもらいたいという心理が無意識のうちに働いていたのでしょう。

それには、おそらく、洋子さんと両親との関係も影響しています。両親は忙しくて、子どもに関心を向ける余裕がなかったようです。洋子さんはひたすら勉強しましたが、ほめてもらうことがありませんでした。

洋子さんは勉強と同じように、子育てもがんばろうとしたのでしょう。悠人くんを一人前にするためにと習いごとをたくさんさせました。子育てを完璧にこなすことで、洋子さん自身が認めてもらいたかったのかもしれません。

しかし、悠人くんはチックを発症してしまいます。子どもの病気をきっかけに、洋子さんは自分のこれまでのあり方を振り返るようになりました。自分の考えを優先するのではなく、悠人くんの気持ちを大切に扱うように変化したのです。子育てに完全に埋没するのではなく、自分自身のためにパートタイムの仕事に出るようになって、社会とのつながりをもつようにもなりました。

子どものことで思春期外来を訪れるお母さんたちには、洋子さんのように、主治医との面接のなかで変わっていく人が多いのです。これまでの人生を批判されずに聞いてもらうことで、自分の気持ちをしっかりと受け止めてもらう経験が得られます。その結果、自分の考えを一方的に子どもに押しつけるのではなく、子どもの気持ちを考えるこころの余裕を取り戻すことができるのでしょう。

世間に恥ずかしくない子にしたい恵子さん

恵子さんは、夫と小学校三年生の瑛太くん、そして瑛太くんの兄の四人家族です。瑛太くんが学校に行かないということで、思春期外来を訪れました。

瑛太くんには、幼稚園時代から、挨拶や片づけ、衣服の整頓などを言われなくても一人でできるように、繰り返し言い聞かせてきたということです。瑛太くんも反抗することなく、それを素直に聞き入れてきました。

小学校に入ったばかりのころは、とても礼儀正しく、先生の言いつけをよく守り、宿題も必ず忘れずに終わらせる子でした。通知簿にはいつも「みんなのお手本になるような生徒」と書かれていたそうです。

小学三年に進級したときにクラス替えがあり、仲のよかった友だちと別々のクラスになってしまいました。とてもがっかりした様子だったようです。五月に運動会の練習が始まってから、朝になると頭痛や腹痛を訴えて学校を休み出すようになりました。前の晩の夜には「明日は必ず登校するよ」と言って布団に入りますが、翌朝になると体の不調を訴え、登校することができません。ただ、土曜日や日曜日になると近所の子どもたちと外で楽しそうに遊んでいます。

一か月間以上もそうした日が続いたために、心配になった恵子さんが、瑛太くんを思春期外来に連れてきたのでした。

初めて診察に訪れたとき、瑛太くんはとても緊張しており、主治医からの問いかけにも、弱々しく「はい」「いいえ」でしか答えません。

恵子さんは不満そうに言います。

「前日の夜には明日は登校すると言って準備するのに、翌朝になると登校できません。毎日、期待するのですが、裏切られてばかりです。休みの日には友だちと遊んでいるので、どうして登校できないのかと不思議でしかたありません」

不登校という診断で、治療が始まりました。二週間に一度通院してもらい、瑛太くんの診察を終えたあとに、恵子さんとも面接の機会を設けます。

言葉で自分の気持ちを十分に表現できないようにみえたので、とりあえず病院の体育館で瑛太くんと主治医が一緒に卓球をすることにしました。

通院を始めて一か月が経ちましたが、不登校は続いています。恵子さんによると、瑛太くんは、通院を開始してから、自分の要求が通らないと怒り出すことが多くなったそうです。今まで親の言いつけを守り、反抗することがなかったので、通院によって瑛太くんの状態が悪化したのではないか、と恵子さんは疑っていました。

通院を始めて三か月。このころになると、卓球をしながら、しだいに学校でのできごとや恵子さんについて話してくれるようになりました。

「学校の先生がくだらない冗談ばかり言うので、同級生たちはバカにしている。この前、先生が『布団が吹っ飛んだ』と言ったけど、みんなは笑えなかった。お母さんは、家と病院とでは態度が全然違う。病院では上品ぶってやさしそうに話すけれど、家では怒鳴ってばかりなんだ。先生、だまされないでね」

しかし、学校に行くことはなかなかできず、学芸会も休んでしまいました。それでも、土曜日や日曜日には友だちが遊びにきて、一緒にゲームをしています。

恵子さんはこんなことを話してくれました。

「最近、瑛太が『僕が学校に行かなくてもお母さんは僕のことが好きだよね』『どうしてお兄ちゃんはテストで一〇〇点ばかりなんだろう。どうしてお兄ちゃんのようになれないのかなあ』『お母さんはお兄ちゃんよりも僕のことが好きだよね』などと言ってくることが多くなりました。兄と比較されているると思っているんでしょうか」

さらに、恵子さんはこれまでの自分の育て方が悪かったのではないかと述べて、自分の生い立ちについても話してくれるようになりました。

恵子さんの父親は、警察官でしつけに厳しい人でした。挨拶や片づけ、勉強などについて、細かいところまで注意してきたそうです。一方、母親は世間体を非常に気にする人でした。警察官の子どもとして、他人に迷惑をかけず、世間に恥ずかしくない振る舞いをしてほしいと常に言ってきたということです。

そんなわけで、恵子さんは、自分の考えで何かしようとしても、両親からいつもダメだと言われ続けてきました。反感を抱きながら、両親に対して自分の意見を言うのをあきらめ、表面的には言われたとおりに従ってきたそうです。

そんな恵子さんでしたが、いざ結婚し、母親になってみると、息子たちに対して、同じように「他人に迷惑をかけない子」にしようとしていました。思い返すと、瑛太くんを小さいころから本当に口うるさくしつけていたというのです。不登校をきっかけに、そのことに気づくようになったといいます。

瑛太くんは幼稚園までは素直な子で、恵子さんの言いつけを守り、言われるとおりやってきました。しかし、小学生になってからは言葉づかいが乱暴になり、物の置き方も荒っぽくなって、部屋の片づけもしなくなりました。そんな瑛太くんに恵子さんはますます口うるさく注意するようになったのだそうです。

結局、反感を抱いていたはずの両親と同じような子育てをしていたんです、と恵子さんは述べました。

子犬を飼う

通院を始めて五か月が経ちました。瑛太くんの希望で子犬を飼うことになったそうです。毎日の子犬の世話は瑛太くんの役割です。夜中まで世話をしているので、朝、起きられなくなることもありましたが、それに対して恵子さんは何も言わず、瑛太くんがやりたいようにさせていました。

六か月目。瑛太くんはいまだに登校できません。ただ、自由にさせてあげようと思い、恵子さんは注意したくなる自分を抑えて、瑛太くん自身の判断にまかせることにしていました。

恵子さんによると、夫は、自分の父親と一緒に遊んだという記憶のない人だということです。

「夫は無口でおとなしい性格です。それはいいのですが、瑛太に注意してほしいときにも何も言ってくれないので、私が夫に腹を立てることが多かったんです。でも、瑛太の不登校をきっかけに、夫と瑛太が遊んだり、一緒に入浴したりすることが増えました」

通院を始めてから九か月が経ったころから、瑛太くんが突然、登校するようになりました。乱暴な言葉づかいや行動には目をつぶり、恵子さんは子どもを見守ることにしました。

「男の子であればこのくらいのことをしますよね。それも瑛太が大人になってきた証拠と考えることにしました」

瑛太くんは、その後も休まず登校を続けました。通院を始めてから一年で治療を終了としました。その後、瑛太くんが学校を休むことはありません。今は高校生になって高校生活を楽しんでいるようです。

☞恵子さんは、自分が子ども時代に嫌だと思っていた両親と同じようなしつけを瑛太くんにしていることに、治療を通して気づくようになりました。子ども時代に経験した親子関係を、親になってから自分の子どもとの間でいつの間にか繰り返していたわけです。

瑛太くんの不登校という問題にぶつかることで、恵子さんは、自分自身が今まで棚上げにしてきた子ども時代の問題に直面するようになったのです。

恵子さんが瑛太くんに干渉的になったのには、子ども時代に両親に対して抱いた否定的な気持ちが大人になっても整理されないままであったことと関係しています。自分と両親との関係に対する複雑な思いが、瑛太くんを前にしてよみがえり、親としてどう振る舞ったらよいのか戸惑ったすえに、結局、かつての両親と同じように、自分の子どもに対して、相手の気持ちを抑えこみ、支配するような態度で接してしまったわけです。

恵子さん自身が抱えていた気持ちの問題だけではありません。そこには世間体という圧力も加わっていました。恵子さんは世間体を気にするあまり、瑛太くんの行動を必要以上に抑え込んでいたのです。

世間体を気にする親は、自分の子どもに常に「よい子」でいることを求めます。子どもが「よい子」でいてくれないと、親が恥をかくと思うわけです。わが家の子どもとして、世間に恥ずかしくないような人間でいてほしいわけです。

世間体を気にするお母さんは、自分が「よい母親」だとまわりから思われたいのでしょう。子どもがほめられ、よい評価を与えられることが、自分自身のよい評価につながるわけです。親自身の自己評価がもともと低い場合、それによってこころが満たされることもあるのでしょう。

恵子さんは、目の前の子どもが何を欲しているのかということよりも、まわりの人たちからよい評価を受けるにはどうしたらよいのかということを優先して、しつけをしていたのだと思います。

社会で生きていくためには、世間体も大事なことでしょう。ただ、子どもがつまずいたときに、自分が世間体にとらわれ過ぎてはいないかどうか、親として今一度立ち止まって考えることも必要だと思います。

自立した子になってほしい明美さん

明美さんは、夫と息子の悠真くんの三人家族です。中学三年になる悠真くんが不登校ということで、思春期外来を訪ねてきました。

夫は公務員で仕事熱心ですが無口な人で、子育てはすべて明美さんにまかせっきりでした。明美さんは自分自身の性格について、几帳面で融通がきかないといいます。

悠真くんは小さいころから人見知りが激しかったそうです。病弱でもあり、発熱や嘔吐などで頻繁に小児科を受診していました。保育園には年少から入園しましたが、最初の半年間は登園しても離れようとせず、明美さんがそばにずっと付き添っていたとのこと。とてもおとなしい子でした。

明美さんは、そんな悠真くんに早くから一人でなんでもできる自立した子になってほしいと思っていました。保育園時代から、食器の後片づけや洗濯物を洗濯かごに入れること、布団の上げ下ろしなど日常生活で必要とされるあれこれを一人でさせてきました。悠真くんは聞きわけがよく、明美さんに言われたとおりにしていたそうです。

小学校に上がってからもおとなしい子でしたが、放課後に数人の友だちとよく遊んでいました。勉強はよくできましたが、運動は苦手でした。

中学校入学後、悠真くんは卓球部に入りました。しかし、同じ部活の同級生と喧嘩になり、中学三年に進級した直後から不登校となったということです。

初めて診察室を訪れたときの悠真くんは、主治医の質問に対して、「はい」「いいえ」と答えるだけで、自分から言葉を発することはありません。

一緒についてきた明美さんは、彼の将来のことを非常に心配していました。

「このまま登校できなかったら、悠真は高校にも進学できず、社会からつまはじきにされます。まともな大人になれないような気がします。母親として何かできることはないですか」

切羽詰まった様子でそんなふうに話し、時に涙ぐんでいました。

不登校という診断で、二週間に一度、通院してもらうことになりました。悠真くんの診察が終わってから、明美さんとも面接します。

悠真くんとは言葉でのやり取りがむずかしそうなので、診察室でトランプやオセロ、将棋などのゲームを主治医と行うことにしました。

通院を始めて一か月後も不登校は相変わらず続いていました。外出することがなく、自室にこもってゲームばかりということです。

「夫は悠真の子育てを私にまかせっきりでした。私が子どものことで相談しても、夫は『悠真の自主性にまかせろ』と言うだけで、真剣に相談にのってくれません。悠真が不登校になったのは、私の育て方がまちがっていたからでしょうか」

明美さんは、夫への不満や自分を責める発言を繰り返していました。

通院を始めて二か月が経ちました。悠真くんが、不登校のきっかけになった同級生との喧嘩の原因について初めて語ってくれるようになったのです。

「僕の学校は、卓球部、野球部、陸上部、音楽部のどれかの部活に必ず入らなくてはいけません。もともと運動も歌も苦手で、しかたなく、卓球部に入りました。卓球の練習前に必ず、校舎のまわり一キロメートルをランニングします。長距離を走るのが苦手な僕は、いつも一番ビリでした。そのことを同級生の部員からバカにされるのです。それががまんできなくなって、同級生の部員の一人を殴ってしまいました。あとで、その子の家にお母さんと一緒に謝りに行きました。それ以来、登校できなくなったんです」

明美さんは、悠真くんが再び登校できるかどうか、不安でしかたありません。主治医に対して、「登校できますよね」と繰り返し確認してきました。

「近所の人たちが悠真の不登校を知ったようです。近所の人に会うたびに、『悠真くんは登校できるようになりましたか』と聞かれるのがつらくてしかたありません。何とかすぐにでも悠真を登校させたい」

涙を流しながら、そんな話をしてきます。

夏休みに入ってから、悠真くんは比較的元気に過ごすようになりました。いつもより早く起床して外出することも多くなっています。しかし、二学期が始まっても登校できません。

通院が始まって三か月。明美さんによると、悠真くんから本やCDを買ってほしいとねだられることが多くなったということです。これまで悠真くんが自分から何かをねだることはありませんでした。

この日の面接では、明美さんの生い立ちの話になりました。

明美さんの父親は酪農業を営み、仕事熱心ながら、子どもには無関心。母親も酪農業で忙しく、娘である明美さんの話し相手になる余裕がなかったようです。

明美さんは自宅でいつも姉と二人で留守番です。学校での困りごとがあっても親に相談することはなく、自分一人でなんとか解決してきました。親に何かを頼った記憶がありません。

「他人を頼らないで生きることが、私のこれまでの生き方でした」

出産後、悠真くんに対し、自分と同じように早く自分一人で生きていけるような人間になってほしいと思いました。そのため、日常生活のこまごましたことを厳しくしつけ、勉強についても口うるさく言い続けてきたのです。

しかし、悠真くんが不登校になってから、これまでの自分の子育てが失敗であったように感じられて、どうしてよいかわからなくなりました。そう言って、診察室では涙ぐむばかりです。

一人でがんばりすぎるな

先に述べたように、明美さんの夫は、無口で感情を出さない人です。何も言い返してこないので夫婦喧嘩にもなりません。悠真くんが赤ちゃんのときには、おむつ替えや入浴の手伝いをしてくれましたが、それ以後は子育てに無関心で、小学校に上がってからは悠真くんとほとんど話をしないということでした。

「私が子育てで忙しくても、夫は何もしてくれませんでした。悠真が中学生になってからは、ますます悠真と話をしなくなりました」

でも、今回の不登校をきっかけに、悠真くんとお父さんとの会話が少し多くなったようです。パソコンのことや仕事のことなどについて二人で話す姿を見かけるようになったのです。それだけではなく、明美さんを励ましてくれるようにもなりました。

通院を始めて六か月。このころ、悠真くんがお父さんに教わりながら新しいパソコンをネットにつなぐ作業をしたそうです。

「同級生が自宅にプリントを持ってきてくれて、久しぶりに会いました。今までは同級生や先生が来ても会うのを避けていたんです。でも、このごろは会うことができるようになりました。少し照れくさいけどね」

そんなふうに、悠真くんが教えてくれました。

悠真くんが笑顔を見せるようになり、よく話すようになったことで、明美さんもホッとした様子です。「一番つらい時期を通り越した気がします」と言います。

冬休みが終わり、三学期が始まりましたが、依然として登校することはできません。しかし、自宅で高校受験に向けて勉強に取り組んでいます。結局、登校しないまま三月の高校入試を迎え、無事に定時制高校に合格しました。

「高校生になったらアルバイトをぜひやりたい。自分でお金を稼いでみたいんです。最近、お父さんと仕事のことや将来のことをよく話すようになりました。お父さんも若いころはずいぶん苦労したようです」

そんなふうに悠真くんが語ってくれました。

明美さんは嬉しそうです。

「悠真は自分で判断したり決断したりができない子だとずっと思っていました。それで、私が先に口出ししていたんです。でも、不登校になってからの悠真をみると、けっこう自分一人でやれるんだということがわかりました。いつもは頼りない夫ですが、不登校をきっかけに悠真の話し相手になってくれて、とてもこころ強く感じました。それだけではなく、私を励ましてくれたこともうれしかった。先日は、『必ず悠真はよくなるから心配するな。一人でがんばりすぎるな』と言ってくれたんです」

悠真くんの高校進学と同時に通院を終了しました。治療期間は一年間でした。その後、定時制高校を休まず登校し、卒業後は機械関係の会社に就職しています。

☞病弱でおとなしい悠真くんに対して、几帳面な明美さんは、早くから一人で何でもできる自立した子になってほしいため、幼いころから日常生活で必要とされるあれこれが一人でできるように育ててきました。

夫は仕事熱心ですが、家庭内では影の薄い存在で、明美さんの支えにはなってくれませんでした。

明美さんは、はっきりと自分の考えを言えない悠真くんに対して、先回りして答えを出したり、欲求をかなえてしまったりしていました。その結果、悠真くんから自律的な営みが奪い取られ、親に支配された生活を送ることになりました。

従順なまま幼児期・小学校時代を過ごしたためか、悠真くんは中学生になっても、同級生の悪口に対し、自分の気持ちをはっきりと言うことができません。そんな怒りが限界に達して、同級生を殴ったと考えられます。そして、ことの重大さに驚いて、登校できなくなってしまったわけです。

悠真くんの治療を通して、明美さんは悠真くんが一人でも十分にやれると気づけたのです。夫が悠真くんにかかわることも増え、パソコンや仕事の話を二人でするようにもなりました。何がなんでも自分一人で悠真くんを立派に育てなくてはと肩に力が入り過ぎていた明美さんでしたが、その態度にも変化が生まれたようです。

夫も不安になっている明美さんを慰めたり、励ましたりするように変わりました。夫からの支えによって、明美さんは精神的な安定を取り戻し、悠真くんの成長をじっと待てるようになったのです。

子どものこころにまつわる問題は、子ども自身の精神的な成長によって、いつかは解決できるものです。

そして、精神的に成長するのは子どもだけではありません。大人であるお母さんやお父さんも、子どものこころの問題をきっかけに成長する可能性を秘めているのです。大人は変わらないと悲観する必要はありません。

頼れるのは自分だけだった幸子さん

幸子さんは、息子の陽太くんを連れて、思春期外来を受診しました。高校一年生の陽太くんが不登校だというのです。

幸子さんは夫と陽太くんの三人家族です。夫はトラック運転手で、早朝から夜遅くまで仕事に出ており、土曜日や日曜日の出勤もまれではありません。

幸子さんは、陽太くんが二歳のときから、片づけや整理整頓が一人でできるようにと口うるさくしつけてきました。

陽太くんは言われるままにしたがって、逆らうことは一度もありません。幼稚園に入園してからも、先生の言いつけをよく守り、年下の子のめんどうをよくみていたようです。

ただ、年長になってから、よく吐くようになりました。数か所の小児科に連れて行ったところ、自家中毒と言われ、思春期までには自然に治るという説明を受けました。たしかに、小学校に入学する前に症状は消失しました。

小学校に入ってからも陽太くんはおとなしい子でした。友だちに誘われたら遊びに出かけますが、自分から積極的に誘うことはありません。高学年になると、朝に吐き気と腹痛を訴えて学校を時々休むことがありました。ただ、長期間休むようなことはありません。

中学校入学直後から、全校集会や学校祭といった大勢の生徒が集まる場所で、吐き気と腹痛を覚えるようになったそうです。全校集会になると保健室で休むことが続きます。小児科や内科でさまざまな検査を受けましたが、胃腸に問題はありません。中学二年になると、そうした症状は自然に消失してしまいます。

ところが、高校の入学式の当日になって、突然、吐き気と腹痛が出現、会場にいることができなくなって、保健室で休むことになったのです。その後も吐き気と腹痛は治まらず、学校を休むようになりました。欠席する日が多くなったため、内科を受診しましたが、胃腸に異常はみつかりません。そのため、高校一年生の五月に、内科の紹介で幸子さんが付き添って思春期外来を受診したのです。

初診時の陽太くんはとても緊張した表情で、主治医からの質問に短く答えるのみでした。言葉に詰まると、しきりに幸子さんの顔を見て、答えを求めます。

幸子さんはこう言います。

「内科では精神的なことが原因と言われました。陽太は病気に逃げ込んでいるように思えてしかたありません。学校を休んで楽な生き方を選んでいると思います。どうしてもっと強くなれないのでしょうか」

内科的な異常がないということなので、ストレスが原因で身体症状が出現する身体表現性障害が疑われます。二週間に一度通院してもらい、陽太くんを診察するとともに、幸子さんとも面接を行うことになりました。陽太くんとは言葉でのやり取りがむずかしそうだったので、診察のたびにトランプ、オセロ、将棋などのゲームを行うことにします。

通院を始めてから一か月が経ちました。毎朝、友だちが迎えに来てくれますが、吐き気がひどく登校できない日が続いています。しかし、夕方には元気になり、ゲームに夢中でした。

幸子さんは、そんな陽太くんの姿を見るたびに腹が立ってしかたありません。

「今は私ががまんする時期だと思っています。病院で先生に言われたように、『学校に行け』とか、『吐き気くらいたいしたことない』とか言わずに見守るようにこころがけています。でも、見守るだけというのはつらいものですね」

通院を始めてから三か月後の診察で、陽太くんは初めて自分の気持ちを口にするようになりました。

「教室に入ると、すごく緊張するんです。まわりの同級生の目をひどく意識してしまいます。自分が何か間違ったことをしないだろうかとか、おかしなことを言ってしまわないだろうかとか、不安になってしかたありません。そう思うと、吐き気や腹痛が現れるんです」

また、面接を繰り返すうちに、幸子さんも自分の生い立ちを少しずつ語るようになりました。幸子さんの父親は農家を営んでいました。とても厳しい人で、言うことをきかないと家から出されることもあったということです。

一方、幸子さんの母親は文句も言わず一所懸命に農作業を手伝っていました。農作業で忙しかったからか、二人で話をした記憶がほとんどありません。幼いころは、年の離れた二人の姉が面倒をみてくれたということです。

そんな子ども時代を過ごしたせいか、「世の中には頼れる人はいない」「頼れるのは自分だけだ」という考えを抱くようになりました。悩みごとがあっても自分一人でなんとか解決し、これまで生き抜いてきたというのです。

陽太くんにも一人で生きていけるようになってもらいたい、早く自立してほしいと思いながら育ててきました。そのため、最初に述べたように、二歳のときから片づけや整理整頓が一人でできるよう、口うるさく言い続けてきたのです。

陽太くんが高校生になって吐き気と腹痛を訴えて不登校になったときにも、幸子さんには、陽太くんが楽な選択肢を選んで、つらさから逃げているように見えました。「どうしてそれくらいのことで登校できないのか」と厳しく叱り続けたということです。

自分と同じような生き方を求めてきたのかも

通院を始めて五か月が経ちました。陽太くんは今の学校に通うことがもうできないと考え、両親と相談のうえ、休学することに決めました。休学後しばらくは、お父さんの運送の仕事を手伝いたいと言っています。

「お父さんの職場は、学校のように狭い教室に閉じ込められることがなく、時間に縛られることがないので、仕事を手伝うことができそうです」

一方、幸子さんは夫に対して、これまで思うところがあったようです。

「夫は仕事熱心で、もの静かな性格です。陽太に対してはっきりとものを言うことがありませんでした。そんな夫にいつも不満を感じていました」

でも、陽太くんの不登校が長引いてから、休学や仕事の手伝いを提案してくれたのは夫でした。

通院を始めて六か月が経ちました。休学後、吐き気や腹痛に襲われることはありません。陽太くんはお父さんの職場で荷物の積み下ろしをしたり、お父さんと一緒にトラックに乗ったりしていました。

「お父さんの職場には、口だけで動かない人や無理やり他人に仕事を押しつけてくる人がいることがわかりました。大人の世界も学校と同じなんだと思います。でも、自分にやさしく声をかけてくれたり、仕事の大変さを気づかってくれたりする大人の人とも出会うことができました」

通院を始めてから一年が経ちました。陽太くんは毎日元気にお父さんの仕事の手伝いに出かけています。幸子さんは、自分の息子に対するしつけが自分の生い立ちと関係が深いことに気づくようになりました。

「自分自身が誰にも頼らずに子ども時代から生きてきたので、陽太にも自分と同じような生き方を求めてきたのかもしれません。夫の職場で働いている陽太をみると、いろんな人に助けられて子どもは成長するんだということがよくわかりました」

その後、陽太くんは通信制高校に転学することを自分で決めました。お父さんの仕事の手伝いをしながら通信制高校を続けたいと話します。

「将来はお父さんのようなトラック運転手になりたいと思います。何かに縛られるのではなく、自分の判断で自分のペースで仕事ができるところがいいなあと思う」

幸子さんも、不必要な口出しをせずに、安心して陽太くんを見守ることができるようになりました。

通院を始めて一年二ヵ月が経ち、治療を終了しました。その後、陽太くんは通信制高校に元気に登校しているということです。

幸子さんは、これまで他人を頼らずに生きてきました。幼いころに味わった親子関係から、

自分の力でがんばらないと、この世は生きていけないという考えをもつようになっていたのです。母親になったときも、夫に頼らず、一人で懸命に子育てをしてきました。子ども時代の自分がそうであったように、子どもの自立を早くから望み、陽太くんをしつけてきたわけです。

そのようなしつけをストレスに感じたのか、陽太くんは幼稚園時代から時々吐くことを繰り返しました。小中学校時代も吐き気や腹痛が続き、高校にあがると不登校になったのです。ただ、子どもが不登校になってから、それまで無関心だった夫が、息子にかかわるようになりました。また、夫の同僚も職場に来た陽太くんに何かと声をかけてくれました。そうした環境にあって、陽太くんは元気を取り戻し、自分の将来のことを考えられるようになったのです。

人は一人で生きていくことはできません。社会で生活する限り、誰かとつながり、かかわりをもちながら生きることになります。とくに、子育ては一人ではできない人生の一大イベントです。夫はもちろん、自分や夫の親、保育士や学校の先生など、周囲の力を借りなくてはなりません。

幸子さんは、これまでの経験から、周囲の力を信じることができなくなっていたのでしょう。それればかりでなく、陽太くんのなかにある成長する力や主体性もまた信じることができなかったのかもしれません。だからこそ、陽太くんに指示を与え、幸子さんの思うとおりに動いてほしいと振る舞ったわけです。

陽太くんからすれば、自分の思うとおりに動けないことがストレスになったのかもしれません。それが、吐き気や腹痛といった身体症状として現れたようにもみえます。

孤独のなかで子育てを行ってきた幸子さんは、陽太くんの自立に頑なにこだわるあまり、期待とは裏腹に、かえって子どもの主体性の芽を摘んでしまっていたと言えるかもしれません。

つききりで世話をやいてきた久美子さん

久美子さんは、息子の蒼真くんと思春期外来を訪れました。中学一年生の蒼真くんが不登校だというのです。

夫も含めた三人家族。夫は工員で仕事熱心ですが、子育てには無関心だということです。

蒼真くんの子どものころをうかがうと、生まれたばかりのときはミルクをなかなか飲んでくれず、授乳でひどく苦労したということでした。体重もなかなか増えず、嘔吐や発熱を繰り返したため、頻繁に小児科を受診しています。体調を気にして、保育園や幼稚園にあずけることができず、久美子さんが自宅でずっと見守って育てていました。

小学校に入学しても、慣れるのに時間がかかり、登校を嫌がって休むこともありました。それでも小学二年生になると、少しずつ友だちができて、休むことなく登校するようになったそうです。

中学校に上がると、腹痛、頭痛、発熱のために学校を休むようになりました。小児科にかかりましたが、からだの異常はみつかりません。

中学一年生の五月の連休明けには学校を完全に休むようになりました。毎朝、起床して学生服に着替えますが、玄関から外に出ることができず、居間のソファーに座ったままで固まってしまいます。そんな毎日が繰り返されていたそうです。

診察室での蒼真くんは、年齢よりも幼い顔つきで、体格も小柄です。主治医からの質問にもほとんど答えることができず、久美子さんがこれまでの経過や今の状態について説明してくれました。

久美子さんは、蒼真くんが中学生になってからも、毎日、着替えを用意し、時間割をそろえてあげていました。忘れ物があると学校まで届けに行くこともありました。病院の待合室でも、上着を脱がせてあげたり、靴紐を結んであげたりしています。

不登校という診断で、二週間に一度、通院してもらうことになりました。とりあえず、主治医とトランプやオセロをすることにします。合わせて、久美子さんとも面接することにしました。

通院を始めてから一か月経っても、朝になると頭がボーッとするということで登校できない様子です。

ただ、初めのうちは緊張して、ほとんど話すことのなかった蒼真くんでしたが、通院を繰り返すうちに、少しずつ学校や自宅での様子を話してくれるようになりました。

久美子さんとの面接では、本人の生い立ちの話になりました。

久美子さんは三人きょうだいの末っ子で、年の離れた二人の兄がいます。父親は農家を営み、いつも仕事で忙しそうにしていました。母親も二人の兄たちと一緒に農作業を行っていました。久美子さんが小学三年生のとき、父親が脳出血で倒れて亡くなります。母親と二人の兄は農作業でさらに忙しくなったため、久美子さんはいつも一人で留守番でした。寂しい思いをして過ごしたということです。

就職後、間もなくして結婚しましたが、なかなか妊娠できなかったとか。不妊症外来に通院し、結婚後一〇年目にやっと、蒼真くんに恵まれたのでした。

ようやくできた子どもであったこともあり、蒼真くんがかわいくてしかたありません。自分と同じような寂しい思いをさせたくないと考え、そばにいて、あれこれと世話をやいて育ててきたということです。

「自分が子ども時代に得られなかったものを蒼真にはすべて与えてやりたいと思って育ててきました」

久美子さんはそう述べています。

通院を始めて二か月が経ち、週一回ほど登校するようになりました。その一方で、これまで反抗したことのなかった蒼真くんが、久美子さんに文句や不満を言うようになったのです。「お母さんはいつも僕がすることを否定する」「お母さんは僕の意見を聞こうとせず、自分の考えばかり押しつける」などと久美子さんに言ってくるということでした。

久美子さんとの面接では、夫の話題にもなりました。

夫の実家も農家でした。勉強が嫌いな夫は、中学校卒業後に電子部品工場に就職。高卒や大卒の人に囲まれて、初めのうちは非常に苦労したということでした。昇進することなく、部品の組み立て業務に長い間従事しています。

学歴のないそんな夫を、久美子さんはずっと軽蔑していたそうです。蒼真くんには、「お父さんのように学歴がないと大人になって苦労するから、大学に行っていい会社に就職しないとだめよ」と言い続けてきました。小学生のころから勉強のための教材を必要以上に買い与えてきたのです。小学生までは久美子さんの期待どおりの子であったのだとか。

登校できないことが悩みじゃない

通院を始めて七か月が経ち、冬休みに入りました。蒼真くんはいつもよりも元気そうに過ごすようになりました。友だちとスキーやボーリングに出かけるようになったのです。しかし、冬休みが終わり、三学期が始まると、やはり登校することができません。

久美子さんは、なんとか登校させようとして、朝になると行きしぶる蒼真くんに声をかけます。

「学校に行かないと将来必ず困るんだから。学歴で困っているお父さんのようにはならないでね」

久美子さんは自宅でのゲームを禁止しました。文句をつけてもまったく応じてくれないので、蒼真くんはしぶしぶ受け入れ、自室でマンガを読んで過ごすようになりました。

通院を始めてから一〇か月、中学一年生の三月になりました。登校できない状態が続いています。今まで無関心だった夫も「学校に行け」と言うようになりました。

蒼真くんは「中学二年になったら登校するよ。それまで待っていて」と言い返します。

その言葉どおり、中学二年生の始業式に蒼真くんは出席することができました。クラス替えがあり、担任も替わりました。新しい担任は蒼真くんが休むと、その日に家庭訪問を必ずしてくれます。

久美子さんは、蒼真くんが何かと反発するようになったと言います。

「僕のことをわかったと言って、何もわかってない」

「偉そうなことばかり言うな。お母さんの言うことがすべて正しいわけではないんだ」

「学校に行け行けとうるさい。僕の気持ちを何も考えてくれてないじゃないか」

「こんなにがんばっているのに、もっとがんばれとお母さんは言うのか。もうがんばれない」

そんなふうに批判的なことを次々言ってくるのだそうです。

通院を始めてから一年五か月。中学二年の七月になって、週二〜三回、登校できる日があります。

久美子さんに反発して、自宅のテーブルをひっくり返したこともあったそうです。このころから、蒼真くんの希望で大学生の家庭教師が来るようになりました。ゲームやマンガなどの趣味が合うということで、会うのを毎回楽しみにしています。

夏休みに入ると、同級生の家によく遊びに行くようにもなりました。

中学二年の二学期が始まりました。休まず登校するようになりました。友だちと遊んでいるときが楽しいということです。

蒼真くんはこんなふうに語ります。

「登校できないことが僕の悩みではないんです。問題は、お母さんやお父さんと気持ちが通じ合わないこと。何を言っても僕の気持ちをわかろうとしない。いつも大人の常識で縛りつけてくる。お父さんは僕とお母さんが喧嘩になっても何も言わず、無関心。こんな家から早く出て自由になりたい」

その後、夫とはゲームやキャッチボールを一緒にするようになりました。二人で夜遅くまで将棋を指すこともあります。

夫が久美子さんに対して、「そんなにがんばり過ぎるな。蒼真は見守るだけでちゃんと育つよ」と言ってくるようにもなりました。

通院が始まって一年八か月になり、中学二年の三学期を迎えて、休まず登校できるようになりました。

その後、中学校を卒業し、通院は終了となりました。高校を卒業し、今は大学生として元気に過ごしています。

☞久美子さんは幼少時に寂しい思いをしたこともあって、自分の子どもにはそのような目にあわせたくないと考え、いつも子どものそばに付き添い、あれこれと世話をやいてきました。とても干渉的になっていたわけです。

こうなったのは、久美子さんの生育歴のせいばかりとは言えません。結婚から一〇年かかってようやく授かった子どもであること、幼少時から病弱であったこと、夫のように学歴で困らないようにさせたいという思い、夫の子育てに対する無関心など、いくつもの事情が重なっていたことが考えられます。

蒼真くんが不登校から回復するきっかけになったのは、夫でした。夫とのやり取りが増えるうちに、自分の気持ちをはっきり表現するようになり、登校へとつながっていったのです。子育てに無関心であるがゆえに、久美子さんを追い詰める原因にもなった夫が、蒼真くんと久美子さんを支える役割を担うことにもなったのでした。

それまで子育てに無関心であったことは褒められませんが、お父さんが子育てという舞台に改めて登場し、子どもとかかわりながら、お母さんを支える役回りを演じることがあります。思春期の子どもたちのこころの成長には、そうした転換が大事な役割を果たすのです。

2　期待と不安は紙一重

親は子どもに対して、さまざまな期待や希望を託しているものでしょう。

優秀な成績をとって偏差値の高い高校や大学に入ってほしい、困難な問題にぶつかってもあきらめないで乗り越える人間になってほしい、周囲の人たちから好かれるような性格になってほしいなどなど、さまざまな願いをこめて育てているはずです。子どももまた、幼いころであれば、このような親の期待に素直に応えようとしてくれるかもしれません。

しかし、思春期ともなれば、そうはいきません。勉強に対する意欲を失うこともあれば、学校を休みがちになることもあります。あるいは、友だちとのトラブルに悩まされ、頭がいっぱいということもあるかもしれません。そんな子どもたちの変わりようを目の当たりにして、これまで順調に育ててきたと信じてきた親は戸惑い、不安を覚えるものです。

親が子どもに寄せる期待や希望は、そもそも何に由来するのでしょうか。世間の価値観が大きく影響しているのは間違いありませんが、それだけではないはずです。思春期外来の現場で実感するのは、親自身の子ども時代の体験が深く関係しているということです。

困難なできごとを自分一人で乗り越えてきたので、わが子にも同じようにがんばってほしい。自分がかなえられなかった夢を、代わってかなえてもらいたい。そんなふうに、子ども時代の体験が親になってからの子育てを左右することは、いくらでもあるでしょう。

ただ、その思いがあまりに強く、柔軟性に欠けるようだと、親子のあいだに大きな溝が生じかねません。そうすると、子どもたちが自分らしい生き方を自分で育むことが難しくなって、こころの不調を呈するようになるのです。

子育ては本来、思い通りにいかないものです。親もまた子どもと一緒に悩みながら、そのことを理解していくのでしょう。

弱さを乗り越えてほしい陽子さん

陽子さんは、娘で中学二年生の舞さんが不登校だというので、思春期外来を訪ねてきました。陽子さんの家族は、夫と舞さんの妹を入れて、四人家族です。

舞さんに発達の遅れはなかったようです。保育園時代は、とても慎重で、目新しいことに真っ先に飛びつくようなことはせず、まわりの園児が手を出すのを見てから自分も手をのばすといった調子でした。

小学校に入学してからは、少人数ですが、友だちとよく遊んでいました。学校を休むこともまったくありません。

中学一年生の二学期から頭痛、腹痛、吐き気を訴えて、学校を休むようになりました。登校しても早退してしまいます。小児科で検査を受けましたが、からだに異常はみつかりません。そのため、小児科の紹介で思春期外来へやってきたのです。

これまでの経過について本人が話をすることはほとんどなく、隣に座る陽子さんが説明してくれました。

「引っ込み思案で本当に困るんです。学校生活での悩みごとを相談されるんですが、もっと強くなってほしいと思います。登校するようきつく叱ってきましたが、うまくいきません」

どうやら言葉で自分の気持ちを表現することが苦手そうです。二週間に一度に通ってもらい、診察室で絵を描いてもらうことにしました。描画法と呼ばれるやりかたです。通院のたびに陽子さんとも面接をすることにします。

通院を始めて一か月経ち、本人からこんな話を聞くことができました。

「同級生の女子は仲良しのグループを作って、教室でキャッキャッ言いながらおしゃべりをしたり、一緒にトイレに行ったりしています。私はそれが嫌でしかたありません。休み時間は静かに好きな本を読み、トイレには行きたいときに一人で行きたいんです」

通院を始めて二か月経っても、不登校は続いていました。

陽子さんによると、自宅では妹とよく喧嘩するようになったということです。喧嘩の原因は、妹が借りたものを返さないというものでした。妹は正反対に口が達者で、喧嘩になると舞さんのほうが言い負かされてばかりだそうです。

陽子さんは、娘たちが喧嘩したときには、どんなに妹が悪かったとしても、「お姉さんなんだから我慢しなさい」と舞さんに言いきかせてきたそうです。そこが舞さんにとって不満のもとでした。

「妹はずるくて、要領がいいんです。だから怒られるのは、いつも私ばかり。朝、体調が悪いので学校を休みたいと言うと、根性が足りないとお母さんに怒られるんです」

一方で陽子さんにはこんな言いぶんがありました。

「舞は、同級生から意地悪なことを言われるとか、冷たい素振りをされるとか、毎回毎回、同じ話ばかりしてきます。そんな話を聞かされていやになってしまうんです。舞はなかなか前進してくれません。歯がゆくてしかたがないのです。何を言ってあげたらよいのかわかりません」

通院を始めてから三か月が経ちました。登校する日もわずかにあったのですが、最後まで学校にとどまれずに早退してしまいます。一緒に買い物に出かけたときも、同級生と偶然会うと、陽子さんの陰に隠れてしまうということでした。

ただ、少し変化もありました。陽子さんに対して言い返すようになったというのです。妹との喧嘩でも口で負けなくなって、言い負かすこともあるようです。

陽子さんが言うには、娘の友だち関係の悩みを最後まで聞くようにこころがけている、ということでした。

通院を始めて五か月。たまに登校するものの、早退してしまいます。

「登校したら、同級生から『どうして来たの?』『来なくていいのに』などと言われるのがつらい。気にせずがんばりたいんですが、耐えられなくなって早退してしまいます」「担任の先生に相談したら『何を言っても態度を変えない生徒が多いので、おまえ自身が言われたことを気にしないようにしたらいい』と言われました。気になるから相談しているのに、先生は何もわかってない」

怒ったようにそんな話をしてきました。

陽子さんからも前向きな発言がありました。

「舞の話を聞いていると、少しずつ元気になってきている手ごたえがつかめるようになりました。これでいいんですね」

他人に負けないで

通院を始めて六か月が経ちました。登校するといつも一緒にいてくれる女子の友だちができたそうです。嫌なことを言ってくる同級生に対しても、言い返すことができるようになったとか。

「先日、『学校に来るな』と同級生に言われたので、『うるさい』と初めて言い返しました。スッキリしました」

中学三年生になってクラス替えがあったものの、新学期から休まず登校しています。教室には嫌な同級生もいますが、味方になってくれる同級生も数人でき、休み時間を安心して過ごせるようになったということでした。放課後や休日には、仲のよい友だちと一緒に遊びに出かけるようになっています。

「通院するようになって嫌なことを嫌だとはっきりと言えるようになりました。少し図々しくなったのかもしれません」

この日の陽子さんとの面接では、彼女自身の生い立ちに話が及びました。

陽子さんの父親は、大工で頑固で厳しく、いわゆる職人気質の人でした。一方、母親は看護師をしていました。夜勤があって家を不在にすることもしばしばです。そのため、家で寂しく過ごすことが多かったと語ります。母親はいつも忙しそうにしており、はっきりとものを言うタイプです。そのせいもあって、陽子さんは、母親に何か相談するということがありませんでした。

相手にはっきりものを言うことができず、中学校や高校では同級生からの頼みごとをいつも断れずにいました。他人の顔色ばかりうかがっていたということです。娘をみていると、そんな自分にとても似ていると以前から感じていたそうです。

自分の性格を変えようと努力し、社会に出る頃には、相手に意見することも多少はできるようになりました。同じように、娘にも自分の性格の問題を乗り越えてほしいといつも思っていたということです。

「舞には他人に負けないでほしいと思っていました。でも、今回、舞が不登校になって思ったのは、ただ励ますだけではダメだということです。舞の話をまず聞いてあげることが大事だということがわかりました。励ましだけでよくなるのなら、不登校にはなりませんよね」

そんなふうに、しみじみと語ってくれました。

その後、学校をほとんど休まず、中学三年生を終えました。毎日登校し続けるのは難しいだろうという判断から、通信制高校に進学。入学と同時に、レストランの店員としてアルバイトにも励みました。

高校卒業後、美容専門学校に入学し、今では美容師として働いています。

同級生の言葉に反論したり、断ったりすることができず、教室にいることがつらくなり、学校を休み出した舞さん。

そんな娘の姿を見て、陽子さんは、自分自身と似ていることに気づきます。彼女自身は引っ込み思案な性格を克服して社会に出ることができました。そのため、娘も自分と同じように困難を乗り越え、社会に出ていくよう励まし続けてきたのです。しかし、そのようなやり方で登校できるようになるとは限りません。

そうした態度を改め、娘の気持ちを聞く姿勢に徹し、それを繰り返し伝えることで、娘の舞さんはようやく本音を打ち明けてくれるようになったのです。批判されることなく、不安な気持ちをしっかりと受け入れてもらうという経験を積み重ねることで、友だちと向き合う勇気が育まれ、登校へとつながったのでしょう。

何かに子どもがつまずくと、お母さん、お父さんの多くは、その「何か」を取り除こうとして、叱ったり、励ましたりと性急に結果を求める対応をとりがちです。しかし、そんなやり方は、めったにうまくいきません。解決には、子どもたちがこころのうちにため込んだ不安や不満、怒り、絶望感、孤独感といったネガティブな気持ちを外に吐き出す作業が必要なのです。そのためには、身近にいるお母さんがじっくり腰をすえ、批判や非難を交えずに、子どもたちの話に耳を傾けることから始めるしかないでしょう。

娘の挫折が悔しい典子さん

典子さんは、娘の里奈さんを伴って診察室に現れました。高校一年生の娘が不登校だというのです。

典子さんは保育士で、会社員の夫と里奈さん、里奈さんの妹の四人家族です。

聞けば、里奈さんは幼稚園時代から人見知りが激しく、送迎バスが来ても母親のそばを離れず、バスに乗りたがらなかったそうです。嫌がらずバスに乗れるようになったのは、入園して半年ほど経ってからのことでした。

小学校に入ってからもおとなしくて、友だちを作ることができるだろうかと親を心配させたそうです。それでも、小学三年生頃には、少ないものの仲のよい友だちができていたとのことでした。

中学校に入ると吹奏楽部に入部して、クラリネット担当になりました。練習を休むこともなく、まじめに取り組んでいたそうです。ただ、部活内部でもめごとがあったときに、頭痛や腹痛を訴えて、学校をしばらく休んだことがあるとか。中学二年生頃の話です。

しかし、高校に入ると、頭痛と腹痛を訴えて学校を休み出すようになりました。夕方になるとそうした症状は消えて、元気になるのを繰り返します。休みがかさみ、進級が危なくなったので、思春期外来にやってきたということでした。

診察室で娘の里奈さんは非常に緊張していて、質問にも短く答えるだけでした。学校に行けない理由を尋ねられても、「わかりません」と答えるばかりで、それ以上に話が深まっていきません。

朝になると不調を訴え、固まって動こうとしない娘を見て、典子さんは、「それぐらいなんなの。学校に行ったらよくなるわよ。がんばって登校しなさい」ときつい口調で叱りつけてきたそうです。

しかし、不登校が長引くにつれて、強制や命令だけでは効果がないとわかり、どういう言葉をかけたらよいのか困っていると話します。

しばらく二週間に一度の割合で通院してもらうことになりました。診察の後に典子さんとも面接を行います。

通院を始めて一か月が経ち、診察のときに、少しは話をしてくれるようになりました。学校に行けなくなった理由については、こんなふうに語ります。

「高校入学後、クラスに知っている子が誰もおらず、友だちがなかなかできません。それで、休み時間はいつも一人になってしまいます。それがつらくて教室に入れなくなりました。朝起きたときに、学校のことを考えただけで、頭やお腹が痛くなり、体が硬くなって学校を休むようになったんです」

一方、典子さんは、娘のこれまでを振り返りました。

「小さいころから集団生活が苦手だったので、学校生活をちゃんと送れるかどうか、これまでずっと心配でした。中学校までは何とかやってきて、ようやく高校生になりました。それだけに、ここで挫折かと思うと、とても悔しい思いでいっぱいになります。それで叱り続けて何とか登校させようとしてきました」

春休みに入ると頭痛や腹痛を訴えることはなくなり、自宅で元気に過ごせていたようです。

初めての子育ては不安でいっぱい

しかし、高校二年生の新学期が始まったとたん、再び体調不良を訴えて、学校を休み出しました。登校できても、保健室で過ごすことがほとんどです。

面接で、典子さんはこれまでの子育てを振り返りました。

「里奈は初めての子どもだったので、どうやって育ててよいかわからず、不安でいっぱいでした。自分の母親がすでに亡くなっていたので、わからないことがあっても誰にも聞けず、育児書を頼りに育ててきました。本に書かれているとおりに離乳食を作っても、まったく食べてくれず、母親として失格なのではないかと思って、自分を責める毎日を送りました」

さらに、夫について、こんなふうに語っています。

「夫は、里奈が小さいときこそ入浴を手伝ってくれましたがそれだけで、その他のことは私が一人でやってきました。男の人は楽だなあとつくづく思いました」

一方で、里奈さんの妹については、気持ちを表情にすぐに出す子なのでわかりやすく、育てやすかったと述べました。

「妹は二番目ということもあり、育児もかなりいい加減でした。でも健康でたくましく育っています。里奈にはすごく手をかけてきたのに、子育ては本当にうまくいきませんね」

話はいつしか、典子さん自身の生い立ちへと移りました。

典子さんは一人っ子でした。両親がともに働きに出ており、学校から帰ってきてもいつも一人で留守番しており、寂しい思いを重ねていたそうです。自分が母親になったときには仕事には出ず、子どものそばにいてあげたいと、ずっと考えていたということでした。

高校時代に母親が白血病で亡くなり、その後は父方の祖父母と同居して暮らしました。高校卒業後、保育の専門学校に進学し、資格をとりました。保育士として働いて数年後に結婚しています。

通院を始めてから五か月。不登校は相変わらずです。妹との喧嘩が多くなってきたという報告がありました。

「お姉ちゃんはどうして家でぶらぶらしているの？　学校に行ったほうがいいよ。だって登校したらお母さんが小遣いを多くくれるんだから」

そんな言葉に腹を立てて、大喧嘩になったのだそうです。典子さんが止めに入っても、なかなか収まらなかったのだとか。その後も、妹とたびたび喧嘩を繰り返しているようでした。

通院を始めて六か月。不登校は続いていて、単位や出席日数が足りず、卒業が危なくなっていました。そこで、高校三年の夏休み前に休学届を出すことにしました。

休学してからは、朝早く起きられるようになり、頭痛や腹痛といった体の不調もなくなりました。典子さんが言わなくても、家事を自分から手伝ってくれます。

加えて、典子さんにこんなことを打ち明けてくれたそうです。

「今になって、ようやくお母さんに言えるけど、クラスに他人の悪口ばかり言う女子生徒がいたんだよ。私のこともきっと陰で悪口を言われていると思う。そう考えると、教室にいることが嫌でしかたなかったの。それで学校に行こうとすると、頭やお腹が痛くなり、登校できなくなった」

その後、「私はお母さんのように保育士になりたい。そのためには、高校を卒業しないとダメだよね」と言い出しました。

ところで、その後の夫の態度にも変化がありました。当初は里奈さんを叱りつけて登校させようとばかりしていたとか。そのため、学校を休ませようとした典子さんと、しばしば意見が対立しました。しかし、少しずつ理解を深めてくれるようになって、休学後、娘とともに通信制高校を探してくれるようにまでなったとのこと。今は、一緒に学校見学に行ったり、説明会に参加したりするようになっているそうです。

通院を始めてから一年三か月後。結局、通信制高校に転学しました。そこでは、仲のよい子がすぐにできて、一緒に遊びに出かけるようにもなりました。

その後、通信制高校を卒業し、保育関係の大学に進学しました。この時点で通院は終了となりました。通院期間は約三年間。今では保育士として働いています。


典子さんは、誰にも頼れないまま、子育てをしてきました。夫は協力してくれず、典子さんの母親はすでに亡くなっていて、子育てについて相談できる相手がいませんでした。頼りにしたのは、育児書だけだったようです。

娘が不登校になった当初、何とか登校させようと叱りつけましたが、それでも変わらない姿をみて、待つことも必要であると少しずつ理解したようです。

子育てに無関心であった夫が変わり始めたことも大きかったのでしょう。娘が休学してからは、夫が進路の相談相手になって、娘と一緒に行動するようにもなってくれました。

通院をとおして、典子さんの娘に対する態度が変わっていきました。その結果、夫の態度も変わり、娘さんにも大きな変化があらわれるという連鎖が生じたのでしょう。

家族のありようは固定されたものではありません。一人が変わるとまわりのメンバーにもいろいろな影響が及んでいく、そうした柔軟性に富む集団なのです。こうした集団の変化をけん引していくのがお母さんということになるかもしれません。

お母さんとの面接は、ただ子どもの経過や現状を主治医に伝える機会というだけではありません。お母さんがこれまでため込んできた気持ちを吐き出す場にもなるのです。そうやって不平不満を吐き出せば、お母さんの気持ちに余裕が生まれます。こころに余裕が生じれば、子どもの将来にも希望がもてるようになるのです。

姉妹を比べてしまう美紀さん

美紀さんは、娘の瞳さんを連れて思春期外来を訪れました。小学四年生になる瞳さんが自分の髪の毛を抜くのをやめられないというのです。

美紀さんの家族は、夫と瞳さんの姉を加えて、四人家族です。会社員の夫は、真面目で仕事熱心。帰宅時刻が遅く、子どもたちが眠ってから帰宅することもたびたびあるそうです。また、瞳さんの姉は、勉強も運動も得意で、児童会の役員も務める優等生ということでした。

瞳さんに特に発達が遅れた様子はありません。三歳から保育園に通っていたそうです。入園当初は、登園しても美紀さんのそばから離れるのをとても嫌がりました。自宅でも、抱っこやおんぶを頻繁に求めてくる甘えん坊だったということです。小学生になった今でも、美紀さんと一緒に寝たがり、それができないときには、美紀さんのパジャマを抱いて寝ているという話でした。

漢字の書き取りや計算問題のテストで単純なミスがあると、美紀さんはよく叱りました。そのせいでしょうか、テストの点数が悪いと大泣きしたり、もらった答案用紙を破り捨てたりするようになったそうです。それでも、クラスでトップの成績で、運動も得意だということでした。

自分の髪の毛を抜くようになったのは小学三年生のときからです（これを「抜毛」と言います）。その結果、頭の前のほうは、毛が薄くなった部分（脱毛巣）が目立つようになってきました。皮膚科で診察を受けたものの、症状がよくなることはありません。娘が髪の毛を抜くのを止めさせようとして、帽子を被せたり、手を包帯で巻いたりしましたが、効果はありません。皮膚科の紹介で、小学四年生の一二月になって、思春期外来を訪ねてきたのです。

初診では、何を聞いても瞳さんはほとんど答えず、時々首を振るのが精一杯です。前頭部に直径三センチメートルほどの境界が不明瞭な円形の脱毛巣が認められました。

美紀さんは、娘の状態がよくならないのではないかと不安を口にします。

抜毛症という診断で、二週に一度通院してもらうことになりました。並行して美紀さんとも面接します。

診察に通ってきても、瞳さんはほとんど口を開いてくれません。テレビ番組やマンガなどの話題を出しても、これといった反応がないのです。そこで、一緒にトランプやオセロをして遊ぶことにしました。

通院を始めて三か月後、抜毛はまだ続いています。ただ、緊張が和らいだようで、短い会話はできるようになりました。絵に興味を示してくれたので、診察のあいだに自由に絵を描いてもらうことになりました。描画法と呼ばれるやり方です。

この日、学校でのできごとを初めて口にしました。

「今年の運動会の徒競走で二位だったんだよ。一位をとれなくてすごく悔しくて、ゴールしたときに泣いちゃった」

一方、美紀さんは娘の抜毛がなかなか止まらず、イライラしているようでした。この日はご自身の生い立ちの話になりました。

成績にばかり目を向けていた

美紀さんの実家は農家です。四人姉妹の次女として生まれました。両親は農作業で忙しく、同居していた父方祖母が面倒をみてくれました。母親と一緒にいたという記憶がほとんどないということです。

よく勉強に励み、成績もよかったのですが、経済的な理由から進学が難しかったようです。高校卒業後、ある会社に事務員として就職しました。数年後に現在の夫と結婚しています。

自分がかなえられなかった大学への進学を、子どもたちにぜひ果たしてほしいと思っており、日頃から成績のことを口うるさく言っていました。

「姉のほうが優秀なので、姉をほめることが多かったのかもしれません」

通院を始めて六か月が経ちました。瞳さんは画用紙を切り抜いて貼り絵を作りました。以前よりも美紀さんにベタベタと体をくっつけて甘えることが多くなったという報告もありました。

「お母さんは、勉強や運動の成績をお姉ちゃんといつも比べるの。お姉ちゃんはいつも私よりも勉強と運動がよくできます。それで、お姉ちゃんばかりほめられる。私は何をやってもほめてもらえません。私はがんばりが足りないと怒られてばかりなんです」

そんなふうに、美紀さんに対する不満を初めて話してくれました。

この点については、美紀さんも認めたうえで、涙を流しました。

「このごろは瞳の今の状態をそのまま受け入れるようにしています。通院するようになってから、子どもたちの勉強や運動の成績ばかりに目を向けていたことに気づきました。勉強も運動も子どもたちの一部に過ぎませんよね。私はそこにとらわれていたので、子どもたちの全体の姿を見ることができませんでした」

通院を始めて一〇か月。ようやく毛を抜く様子が治まりました。これまで自分が一番でないと気がすまないところがありましたが、このごろは悪い点をとってもそれほど気にならないということです。

美紀さんの態度もずいぶん変わりました。娘がテストで悪い点をとっても「そんなこともあるよね。今度がんばればいいんだよ」と、やさしく励ますようにしているとのこと。「これでいいんだ」という気持ちを持てるようになったということです。

その後、美紀さんは仕事をなるべく早く切り上げて、二人の娘と一緒にいる時間を大切にしているということでした。夫からも「最近はやさしくなったね」と言われるそうです。夫も休日は家族と一緒にいる時間を以前よりも多くもつようにこころがけてくれるようになったということでした。

小学五年生の三学期になると、症状は完全に消失し、元気に学校生活を送れるようになりました。そこで治療を終了としました。


美紀さんは、二人の娘を絶えず比べ、できの悪い瞳さんをきつく叱ることが多かったようです。もともと甘えん坊の瞳さんでしたが、甘えたいという欲求が満たされることはなく、その不満が髪の毛を抜くという歪んだかたちで現れたと考えられます。

美紀さん自身、成績優秀でしたが、大学進学をあきらめて就職しています。それもあって、子どもたちには大学進学を目指してほしいという気持ちを強く抱いていたようです。そのため子どもたちの成績にばかり関心が向いてしまったのでしょう。

娘の通院をきっかけに自分のことを打ち明けるようになり、自分自身の子育ての偏りに気づいたのだと思われます。子どもの成績ばかり気にするのではなく、一緒に過ごす時間を大切にするように変わっていきました。

自分がかなえられなかった夢を、子どもを通してかなえようとする、そんな態度が無意識に現れることがお母さん、お父さんにはあるようです。子どもも、そんなお母さん、お父さんの願いにしたがい、最初のうちはがんばるわけですが、次第にがんばりがきかなくなり、いつしかSOSのサインを出すようになります。

子どもに夢を託すこと自体は、どの親にでもある、当たり前のことでしょう。そのとき大切なのは、お母さん、お父さん自身の気持ちを優先させるのではなく、目の前の子どもがどんな気持ちでいるのかをまず一番に考えることができるかということです。

がんばりが足りないと焦る恵美さん

恵美さんが娘の奈々さんを連れて思春期外来を訪ねてきました。高校一年生の奈々さんが記憶を失ったというのです。

恵美さんの家族は、夫と奈々さんの兄を入れて、四人家族です。夫は会社員で、仕事が忙しくほとんど家にいません。おとなしい人だということです。

奈々さんに発達の遅れは認められません。幼稚園時代は活発で、同年代のなかでもリーダー的な存在でした。

小中学校でも学級委員長を務め、みんなの前で積極的に発言していました。心配したことなど、これまで一度もなかったということです。

高校に入ってからも、休むことなく元気に登校していました。しかし、高校一年生の一〇月に学校で突然倒れ、保健室に運ばれました。一〇分ほどして意識を回復しましたが、過去の記憶がなくなっていたのです。小中高でのできごとや友だちの名前が思い出せません。脳外科を受診し、脳ＭＲＩや脳波検査を受けましたが、異常はみつかりませんでした。脳外科からの紹介で思春期外来を受診することになったのです。

最初の診察では質問にハキハキと答えてくれましたが、小中学校や高校入学後のできごと、出会った人の名前はやはり記憶していないようです（健忘と言います）。その一方で、自分の名前や家族のことはわかっており、日常生活には差し支えありません。このような症状があるにもかかわらず、それを深刻に考える様子がないのです。

恵美さんは、娘がわざと記憶がないと言っているのではないかと疑っており、不便を訴えられても真剣に相談にのる気になれません。

奈々さんの状態は、専門用語で言えば、精神的なことが原因で記憶がなくなる「解離性障害」だと考えられます。記憶がないため学校生活が送れないということなので、しばらく高校を休むことにしました。

二週間に一度通院してもらい、恵美さんとも面接を行います。

二週間後の診察で、奈々さんはこんなふうに話しました。

「学校を休むようになってから気持ちがホッとしました。お母さんから友だちの名前を聞かされても初めて聞くものばかりで、思い出すことができません」

恵美さんが言うには、「奈々は幼いときから手のかからない子でした。奈々の兄が落ち着きのない子であったので、兄から目がはなせません。それで、奈々を放っておいたかもしれません」とのことでした。

通院を始めてから一か月。奈々さんは少し変わってきたようです。

「少し思い出したことがあるんです。私は小学校時代から友だちの相談によくのっていたような気がします。中学校時代も友だちが多かったように思えます」

しかし、友だちの名前を思い出せない状況に変わりはありません。高校入学後の学校生活については、まったく覚えてないということでした。

数日前に、高校の同級生がお見舞いのために自宅を訪れましたが、奈々さんは訪れた同級生の名前を思い出すことができませんでした。

通院を始めてから二か月が経ちました。同級生がお見舞いに来てくれて、「病気になる前に、奈々の好きな男子をめぐって他の女子と喧嘩をしたんだよ。覚えてないの？」と言われたそうです。奈々さんには記憶がありません。

恵美さんは、娘の記憶が一向に戻らないことに、やや焦っている様子でした。面接では恵美さん自身の生い立ちの話題になりました。

がむしゃらに生きてきた

実家は農家で、両親とも農作業が忙しく、幼少時に一緒にいた記憶がほとんどありません。父親は無口で子どもに無関心、母親は口うるさく厳しかったそうです。五人きょうだいの末っ子ということもあってか、不在がちな両親に代わり、兄や姉が身の回りの世話をしてくれました。

高校卒業後、建築会社の事務員の職に就き、数年後に職場結婚しました。「無口で仕事熱心で、自分の父親と似た男性」と結婚したということです。

自分のこれまでの人生を振り返りながら、心情を語ります。

「これまで生きてきて大変なことがいくつもありました。そのたびに、あれこれとクヨクヨと考えず、とにかく、そのときそのときをがんばってがむしゃらに生きてきました。奈々には、私のようながんばりが足りないと思うんです。嫌なことにぶつかっても、それから逃げてはいけないと思います。この苦しさを乗り越えたら幸せになれるんだと奈々に言い聞かせて育ててきたつもりなんですが」

通院を始めてから三か月が経ちました。奈々さんは学校の友だちの名前を少しずつ思い出してきたようです。でも、どんなことを一緒にやって、どれほど深い間柄なのか思い出せないままです。

「私は人前では明るく振る舞っているけど、一人になると自分の言葉や行動を後悔して、すごく落ち込んでしまうんです。そのことをお母さんにも友だちにも話すことができません。だって、みんなに迷惑かけるもの。今回、病気になって、考えていた以上に友だちがお見舞いに来てくれてとてもうれしかった」

恵美さんは、早く記憶を回復させようという一心で、友だちの名前をたびたび娘の前で口にしてきました。けれども、最近になってそれは控えて、じっくりと娘の話を聞くのを優先するようになったということです。

この日の診察の後から登校を再開しましたが、学校でひどく困るようなことはなかったそうです。

通院を始めて四か月。こんなふうに語り出しました。

「突然、『美奈』という名前を思い出して、とても会いたくなりました。『美奈』とはとても仲よしだったような気がします。何でも話し合ったような記憶があります。『美奈』とどうも喧嘩したような気がします。詳しいことは思い出せないけど、男子をめぐって争いになったようなんです。『美奈』が私にその男子のことが好きなんでしょうと何度もしつこく言ってきました。それに耐えられなくなって、私は『美奈』と一緒にいた仲よしグループから抜けました。私は学校で一人きりになり、すごく寂しい思いをしました。そのことを考えているうちに意識がなくなって、保健室に運ばれたんです。これまで一六年間生きてきたなかで一番つらかった」

記憶をなくしたきっかけについて話しながら、泣き出しました。

この日の診察のあと、急に記憶が回復してきたということです。友だちの名前もすべて思い出すようになりました。美奈さんとも仲直りしたということです。高校二年の夏で治療は終了しました。

その後、奈々さんは高校を無事に卒業し、専門学校を出て、現在は介護士の仕事に就いています。

がんばり屋の恵美さんは、娘に対して、自分と同じように何ごとにもがんばるよう期待していました。友だちとのやり取りでいざこざが生じたとしても、それを自力で乗り越えても

らいたいと願っていたようです。困難にぶつかっても、それから逃げないことを教えてきたつもりでした。

一方の娘の奈々さんは、お母さんに心配をかけたくない一心で、よい子を演じたまま、ずっとすごしてきたようです。しかし、高校入学後に友だちとのあいだで起きたトラブルは、彼女のこころの処理能力を大きく超えたものでした。そのため、記憶を失うことで対処するしかなかったのだと思われます。

恵美さん親子に共通するのは、苦しくてもつらくても他人に弱音をはかないという点でしょう。

困難な問題に直面したら、他人に気持ちを打ち明け、それをしっかりと受け止めてもらう。それによって、気分を新たにし、困難に立ち向かうことができるのです。

恵美さんは持ち前のがんばりでなんとかしてきた自分の成功体験を娘に押しつけようとしたのですが、うまくいきませんでした。娘の奈々さんはお母さんのようにはがんばりがきかなかったのです。きっと、恵美さん自身も相当に無理をして生きてきたのだろうと思います。

生きていくうえで、ここぞというときにはがんばりも必要になります。しかし、一人で抱えきれないような困難にぶつかったときには、遠慮することなく、人を頼ってよいのです。子どもが、もっとも身近な存在であるお母さんにその役割を求めるのは自然なことでしょう。

おそらく、世にいるお母さんたちは、誰もがこれまで人生をがんばって生きてきたのだと思います。そうやってがんばることができたのは、有形無形の支えがあったからにちがいありません。それを思い返して、子どもたちにがんばりを求めるばかりになっていないかと考えていただきたいのです。

先回りして叱る麻美さん

麻美さんは、息子の拓也くんと一緒に思春期外来を訪れました。拓也くんは高校一年生で、現在不登校だということです。

麻美さんの家族は、金物屋を営む夫と拓也くんの兄を入れて、四人家族です。

拓也くんに発達の遅れはなかったようです。幼稚園入園後の数か月間は、なかなか集団生活に馴染めなかったとか。それでも、走るのが速かったので、年長になると運動会で活躍したとのことでした。小学校でもおとなしい子なのは変わりませんが、運動が得意で、毎年運動会でリレーの選手に選ばれていました。

中学校では陸上部に入り、熱心に練習に励みました。ただ、朝に腹痛を訴え、学校を休むことがときどきあったそうです。

高校に入学した五月の連休明けから、朝に腹痛を訴えて学校を休む日が数日間続きました。近くの内科で診察を受けましたが、からだに異常はみつかりません。内科の紹介で、思春期外来を受診することになったのです。

診察室での拓也くんは口数が少なく、これまでの経過について話すのは麻美さんでした。毎朝、制服を着ることはできるのですが、その後から腹痛が出現してトイレにこもり、登校できなくなります。しかし、夕方になると腹痛は自然に消失するのでした。

麻美さんは悔しそうにこう言います。

「『今日はどうするの？』『学校に行くの、行かないの？』『私が学校に電話するんだから早く決めてちょうだい』と毎朝言ってきました。でも、拓也はいつも何も返事をせず、ベッドから出てきません」

登校刺激を与えず、見守ることが大切であると麻美さんに伝え、二週間に一度通院してもらうことになりました。そのたびに拓也くんの診察に加えて、麻美さんとも面接します。

二か月経っても登校することができません。麻美さんは相変わらず、「どうして行けないの？　がんばりが足りないいんじゃないの？」と、ついきつく言ってしまうということでした。

拓也くんからすると、その点が腹立たしそうです。

「お母さんはすごくうるさい。毎朝、学校に行かないのかと同じことを何度も言ってくる。

「一度言われたらわかるのに」

麻美さんに言わせると、拓也くんはもともと口数が少なく、すぐに反応がないのがじれったくて、つい先回りして言ってしまうとのことでした。

夏休みには仲のよい同級生とサッカーをして過ごしました。しかし、学校が始まるとやはり登校することができません。

通院を始めてから四か月、拓也くんの不登校は続いています。高校からは出席日数や単位が足りず、進級がむずかしいと言われています。

迷わず進むばかりが成長じゃない

この日の面接で、麻美さんは夫に対する不満を明かしました。

「子育ても家の商売のこともすべて私がやっています。夫はまったく頼りになりません。子どもたちに対して自分の考えを一方的に押しつけるだけで、子どもたちの話を聞こうとしません。商売についても、問屋や客とのやり取りを私にまかせっきりです。夫は帳簿の計算だけをしています。本当に腹が立ちます」

拓也くんについてもこんなふうに語ります。

「いつもよりも早く起こそうとしたり、お弁当を拓也に作らせて送り出そうとしたり、小づかいの値上げを提案したりしましたが、何をやってもダメでした」

通院を始めてから六か月。このころから、拓也くんが家の仕事を手伝うようになりました。

「今は学校よりも、家の手伝いのほうがおもしろい。四〇人の生徒がいる教室に朝から晩まで拘束されているよりずっといい。取引先の人たちから大人の世界の話を聞かされる。自分が知らないことばかりです。それに、一所懸命働くとまわりから信頼されることもわかりました」

一方、麻美さんからは生い立ちについて打ち明けられました。

父親は会社員で、母親はパートタイムの仕事に出ていました。両親とも不在がちで、何か言われることもなく、ほうっておかれたということです。学校の勉強によく励み、成績も優秀だったので、高校の先生から大学への進学を勧められました。けれど、勉強よりも働くほうが自分には向いていると思い、高校卒業後にすぐに就職したそうです。

「今から思うと、学歴は自分の財産だと思います。だから、拓也にはがんばって登校していい大学に進学してほしいと思っていました。それで、精神科の先生に見守ることが大切だと言われても、そのとおり実行できなかったんです。通院を始めてからも、毎朝、拓也を起こしていました」

通院を始めてから九か月。拓也くんは、休学届を提出することを決めました。そうして、これまで以上に家の仕事の手伝いをするようになったのです。常連の客から「若旦那」と言われてうれしそうにしているということです。その後も休学しながら、家の仕事を手伝いました。

ただ、麻美さんは納得がいかないようでした。

「拓也は本当にこれでいいのだろうかと思います。高校くらいは卒業しないと、将来必ず困ると思います。こんなに私が心配しているのに拓也本人は何とも思っていないようで仕事にばかり励んでいます」

通院を始めてから一年三か月が経ちました。拓也くんは、通信制高校に転学することを自分で決めました。

「もう昔のことだけど、中学校の数学の授業で当てられて答えられず、立たされたままでいたことがありました。みんなの前で恥をかいて、とても屈辱的でした。そのことを高校生になってからも思い出し、教室に入ると緊張するんです。そのため、高校を休むようになったんです」

学校を休むようになった理由を初めて語ってくれたのです。

その後、休まず通信制高校に通い、休日には友だちとよく遊ぶようにもなりました。

麻美さんは、そんな拓也くんの姿を見て、思うところがあったようです。

「時間はかかりましたが、これでいいんだと思います。子どもが自分で考えて行動するまでには、かなり時間がかかるということがわかりました。成長とは、いつも迷わず前進するばかりではないんですね。それを教えてくれた拓也に感謝しなくてはいけないかもしれませんね」

通信制高校卒業と同時に治療も終了となりました。拓也くんは理学療法士になりたいということで、医療系の専門学校に進学しています。

麻美さんは、自分自身が大学に進学しそこねた後悔から、拓也くんには大学を目指してほしいと考えていました。そのためにも、休まず高校に行ってほしいと強く望んでいたのです。麻美さんは「学歴は自分の財産」という考えを強く抱いていました。しかし、期待どおりにはいかず、登校できない拓也くんに、いらだちを感じだしたのです。

一方で、拓也くんは、学校を休みながら家業の手伝いをはじめ、充実感を覚えるようになります。それはちょうど、麻美さんが勉強よりも就職を選んだのと似ているのかもしれません。

拓也くんが全日制高校から通信制高校へ転学するまでには、かなりの時間がかかりました。本人もつらかったと思いますが、麻美さんもずいぶん我慢したことでしょう。

子どもたちは、ある時期がくると自分から動き出します。お母さん、お父さんはその時期がくるまで辛抱強く待ち続け、必ず変わると信じて子どもたちに寄り添いたいものです。

子育てはお母さん、お父さんの思いどおりにはいかないものです。苦しみながらも試行錯誤し、お母さん、お父さんに与えられた生き方ではなく自分らしい生き方を見出す子どもたちの姿から、学ぶべきことは少なくありません。子どもたちが成長する過程を目の当たりすることで、親自身も子どもたちと同様に成長するのだと思います。

3　子育ての理想と現実

子育て中の親御さんのなかには、過干渉や過保護はいけないと考えて、子どもたちへの束縛をできるだけなくし、自由に育てようとする方もいます。話だけを聞けば、子どもたちの主体性や自立を尊重した、理想的な子育てのように思えるかもしれません。

しかし、「自由に育てる」というのも一筋縄ではいきません。親は「自由に育てる」つもりで、子どもに対して「好きにしていいよ」と繰り返し伝えます。しかし、そう言われた子どもはどう思うでしょうか。自分に対して関心がない、それだけの価値がないのだと受けとるのではないでしょうか。自分は自分であるだけで価値のある存在だという感覚、つまり自己肯定感は、こころの基盤となる大切なものです。それが十分に育たないままだと、思春期にさしかかったところで、さまざまな精神的な不調をきたしかねません。

自分が価値ある存在だという感覚をもてるようになるためには、まず、親やまわりの大人によってあれこれと世話を焼かれるようなかかわりがなされ、大切にされる体験が必要なのです。「自由に育てる」というのは、子どもへの関与を手控えるということではありません。

この章では、「自由に育てる」ことが子どもたちに与える影響について事例をもとに考えてみたいと思います。

自由にさせてきたのにと嘆く浩子さん

浩子さんが、娘の結衣さんを連れて思春期外来を訪れました。中学二年生の結衣さんの体重がどんどん減ってきているというのです。

浩子さん一家は、夫と結衣さんの弟を加えて四人家族。

娘の結衣さんは幼い頃から手がかからず、歯磨きや着替えなどを言われなくても自分一人で進んでやっていたそうです。

幼稚園でも、年下の子のめんどうをよくみる「よい子」と周囲からもてはやされていました。幼稚園の先生やお母さんたちから、「どうしたら結衣さんのようなよい子を育てることができるの？」と聞かれたほどです。

小学校でもリーダー的な存在で、クラス委員を何度も務めています。中学校入学後もがんばり屋は変わらず、学級委員長を務め、勉強の成績もつねに上位。吹奏楽部でも練習熱心で、二年生の二学期からはクラリネットのパート・リーダーを務めるようになりました。

ところが、その直後から食欲低下や吐き気が出現したのです。五〇キログラムあった体重が、二か月間で三六キログラム（標準体重の七三％）にまで減って、生理も止まってしまいました。小児科を受診したところ、神経性やせ症が疑われ、思春期外来を紹介されたのです。

結衣さんは少しやせた体型で、診察室でもニコニコした表情を絶やしません。

「今の私に悩みは何もありません。悩みごとが原因でやせたとは思いません。でも、先生がそんなに思春期外来への通院を勧めるなら、通院してもいいよ」

そんなふうに話してくれました。彼女の身長は一五五センチメートル、体重は四〇キログラム（標準体重の八一％）。肥満恐怖ややせ願望をはっきりと口にはしないものの、母親の浩子さんによると、肉や脂っこい食事は避け、絶えずカロリーを気にしているということでした。

神経性やせ症の疑いという診断で、治療が始まりました。二週間に一度通院してもらい、診察後に、浩子さんとも面接します。

通院を始めて一か月後。その間に中学三年生の始業式がありました。出席こそできたものの、めまいやふらつきがひどかったということです。

学校や家族について質問しても、「ふつう」「べつに」と答えるだけで会話の内容が深まるようなことはありません。

浩子さんが言うには、病気になるようなストレスが何かあるとは思えない、とのことでした。通院を始めて二か月後、朝食や給食こそ食べないものの、体重は一キログラム増加し、四一キログラムになったということでした。

吹奏楽部の練習は平日ばかりか土曜日や日曜日の夕方遅くまで続いていましたが、休むことはありません。

浩子さんによると、食事中に「これは何カロリーだね」「これはカロリーが多そうだね」などと口にし、風呂上がりに全身を鏡に写しては体型をチェックしているということです。

「結衣はこれまでわがままを言ったことがなく、手のかからない子です。一歳下の弟が生まれてからはそちらの面倒をみるのに手一杯でした。夫の協力が得られず、私一人で子育てをしてきました。姉弟を平等に扱ってきたつもりですが、結衣よりも自己主張の激しい弟に関心を向けていたかもしれません」

好きなように生きてほしい

通院を開始して三か月が経ちました。結衣さんは毎日三食必ず食べるようになり、体重も四五キログラムまで回復しました。五月を迎えていましたが、ゴールデンウィーク中も吹奏楽部の練習に休みはありません。

友だち関係や家族関係について主治医が尋ねても、「ふつうです」「何もありません」と答えるだけで、話が深まる様子はあいかわらずないままです。

面接では、浩子さんの生い立ちの話になりました。

実家は会社を営んでおり、両親ともに多忙でした。経営者の娘として恥ずかしくないように、と両親からとても厳しく育てられたそうです。勉強のやり方から部活選び、服装、門限、進路など、どれも一方的に決められました。束縛ばかりする両親に内心で反発しつつ、表面的には言うことを聞き入れて育ったといいます。

それもあって自分の娘には好きなように生きてほしいと願い、結衣さんに対して、「そんなことをしてはダメ」と言ったことがこれまで一度もありません。

「結衣の弟は一人でできないことが多く、いろんなことを要求してくるので、手がかかりました。そのため、一人で何でもこなし親を当てにしない結衣を放っておいたのかもしれません」

通院を始めて五か月が経ちました。

このころになると、結衣さんは食事を普通にとるようになっています。診察室では、浩子さんに対する不満を初めて口にしました。

「お母さんに友だち関係の困りごとを相談してもわかってくれないんです。好きなようにしなさいと言われるばかり。突き放された感じがします。だから、お母さんには話しかけなくなりました」

通院を始めて六か月が経ち、夏休みが終わって二学期が始まりました。結衣さんの体重は四六キログラムまで増加しました。

「お母さんは私の話を聞いてくれないので、大嫌い。私の話を真剣に聞かず、何度も同じことを聞き返してくる。私はお母さんのような性格にはなりたくない」

そう不満を述べます。

浩子さんによると、通院するようになってから、娘との二人だけの時間を大切にしており、できるだけ時間をとって話も聞くようにしているということでした。結衣さんと二人だけで買い物に出かけ、その途中であれこれと会話するようにしているそうです。

通院を始めて七か月が経ちました。結衣さんは、部活に、テスト勉強に、文化祭の準備にと忙しい毎日を送っています。

「夕食のときにお母さんと学校の話をよくするようになりました。お母さんと話をしていて何となく以前よりも楽しい」

浩子さんからはこんな話をうかがいました。

「弟は小さいころから欲しがるものをはっきりと言うのでよく買ってあげたのですが、結衣は何が欲しいのか言ってこないので、何も買い与えなかったと思います。以前は、私と弟が話していると結衣は黙って見ていましたが、このごろは間に割って入ってきます」

話は浩子さん自身のことにもなりました。

「夫は帰宅が遅く、出張も多い人です。子育てに無関心だったので、もっと手伝ってほしいといつも思っていました。私は自分のことを社交的な性格と考えていますが、それはうわべだけで、本当は自分の気持ちを打ち明けられる相手がいないんです。病院で話ができて気持ちが本当に楽になりました」

そう言って涙ぐみました。

通院を開始して八か月が経ちました。結衣さんは、勉強、部活、塾、友だちとの外出で忙しい毎日を過ごしています。

「中学校入学後からお母さんと話をしなくなった。お母さんに何を相談しても、いつでも好きなようにしなさいと言われるだけで、突き放されてしまうから」

この日の浩子さんは、結衣さんの幼児期について話してくれました。

「一歳下の弟に手がかかり、無我夢中で子育てをしてきました。周囲から子育てはできて当たり前とみられていたので、誰にも弱音を吐けなかったんです。結衣が『よい子』だったので本当に助かりました」

そう言うと涙を流します。最近は、夫も休みの日に子どもの相手をしてくれたり、浩子さんの相談相手になってくれたりするようになったようで、とても助かっているということでした。

通院を始めて一〇か月。一二月を迎えました。結衣さんの体重は五二キログラムまで増加し、一週間前から生理もみられるようになりました。期末テストもクラスで上位の成績で、とても嬉しかったそうです。テストが終わってから、友だちと遊んでばかりいたため、浩子さんから「勉強しなさい」と何度も言われたということでした。

「お母さんがしつこく勉強のことを言ってくるので、『うるさい。人のことは言えないでしょう』と初めて言い返したんです。今、勉強が手につかないのは、家族や友だちや進路で悩んでいるためなのに、お母さんは何もわかろうとしない。同級生たちの話題は、受験や進路のことばかりで、学校に行ってもつまらない。自宅に帰ると、お母さんが勉強のことしか言わないので息苦しい。だから放課後や休みの日に友だちと遊んでいたのに」

中学三年生の冬休みに入りましたが、食事を普通にとり、精神的にも落ち着いた様子です。正月には友だちと一緒に初詣に出かけています。

浩子さんはこう話しています。

「夫が子どもたちに話しかけるようになり、夫なりに努力しているように見えます。私もこれまで弟にばかり目がいってしまい、結衣のことをないがしろにしていたかもしれません。通院して、そのことに気づきました」

その後、結衣さんは高校に無事に合格。卒業式も終えました。「将来は看護師になりたい。やさしさと強さの両方を持っているところに憧れるので」と話します。

浩子さんは、しみじみ話してくれました。

「これまでは結衣を束縛しないよう、何も言わず好きなようにやらせてきたつもりでしたが、結衣からすれば、ただ無関心のように見えたんですね」

食事も普通にとっており、標準体重を維持できていることから、治療を終了しました。現在は大学生として、勉強に励んでいます。

☞神経性やせ症は、思春期における親からの自立をめぐる葛藤、家庭や学校でのさまざまなストレス、やせ礼賛の社会的風潮といった心理社会的要因がからんで発症する、女子に多い病気です。心理社会的要因ばかりが問題というわけではなく、食事の調節に関係する脳内の部位に異常が生じやすいといった、身体的素因も関係しているといわれています。

結衣さんの場合、お母さんの浩子さんとの関係が神経性やせ症の発症に大きな影響を及ぼしていたと考えられます。

浩子さんは、自分が親から干渉され束縛されて育ったことから、子どもの行動に口出ししないという態度で育ててきました。弟が生まれると、手がかからず、なんでも一人でこなす娘をさらに放っておくようになりました。

子育ての最中の浩子さんを支えるはずの夫も、仕事が忙しいことを理由に子育てにほとんどかかわっていません。このような夫の態度は、結果がすぐに出ない子育てという営みを避け、結果が具体的でわかりやすい職場の仕事へ逃げていたとみることもできるでしょう。その結果、浩子さんは、ひとりで子育てをがんばるしかない状況におちいってしまいました。

精神的な余裕がないことと、子どもを束縛したくないという思いが重なり合って、結果として娘を心理的に放置する事態となったのでしょう。子どもの気持ちをほどよく汲み取るという営みがおろそかになり、娘が何か言い出すまで何もしない、というかかわり方になってしまっていたのです。

浩子さんにもう少し精神的な余裕があれば、娘と向き合い、子どもがいまどんな気持ちでいるのかを想像して、タイミングをはずすことなくかかわることができたのかもしれません。

結論の出ない話が苦手な由美子さん

由美子さんは、娘の美穂さんを連れて思春期外来を訪れました。高校二年生になる娘の体重が減っているというのです。

由美子さんの家族は、夫と美穂さんの姉も加えて四人家族で、由美子さんと夫はともに公務員として働いています。

保育園時代の美穂さんは、自分から進んで他の園児のなかに入ることはなく、誘われたらみんなと遊ぶという感じでした。小学校時代も外で友だちと一緒に遊ぶより、家のなかでお人形遊びをしていたそうです。

中学三年生のとき、同級生から「足が太い」と言われたことをきっかけに、体重が増えることをとても気にするようになりました。高校入学後から、炭水化物をとらないカロリー制限のダイエットを開始。食事の支度をする由美子さんに対して、「油を使わないでほしい、ドレッシングをかけないでほしい」と、いつも言ってくるようになりました。

高校二年生の夏休み明けから、体重が極端に減って、生理も止まりました。そのため、総合病院の内科に入院。点滴を受けましたが、体重の増加がみられません。

その後も、数回入院を繰り返しましたが、体重はなかなか増えません。そのため、高校二年生の冬休みに内科の紹介で思春期外来を受診したのです。

思春期外来を訪れたとき、美穂さんの身長は一六六センチメートルで体重は三四キログラム

（標準体重の五七％）でした。やせ願望と肥満恐怖が認められ、神経性やせ症と診断されました。ただ、本人は思春期外来での治療は自分には必要ないと強く主張します。

由美子さんは、食べることを頑なに拒否する娘に手を焼いていました。どんな食事を作っても食べてくれないので、途方に暮れているということです。

説得に応じて、美穂さんはしぶしぶ通院に同意してくれました。二週間に一度の割合で通院してもらい、母親の由美子さんとも面接します。

一か月経っても、美穂さんは、主治医からの質問に「わからない」「べつに」「何も」としか答えてくれません。このままでは治療がなかなか進まないので、診察のたびにオセロやトランプを行うことにしました。

二か月後、ようやく自分の興味のある話題を話してくれるようになりました。

「私は小学生のころから料理にとても興味がありました。煮ものや揚げものなどだいたいの料理を作ることができるんですよ。魚を三枚におろすこともできるんだから」

そう得意げに話します。

「もともと体を動かすことが大好きで、中学校ではバレーボール部に入り、高校では陸上部に入りました。体はやせているけれど、運動は得意なんですよ。意外でしょう?」

体重もやや増えて三七キログラム（初診時に比べて三キログラムの増加）になっていました。

由美子さんによると、以前よりも少しだけ食事をとるようになったということです。しかし、炭水化物や肉にはまったく手をつけません。

娘に食べるようしつこく迫ることはもう止めたとのこと。それよりも楽しい会話ができるよう、こころがけているということでした。

通院を始めてから四か月が経ちました。美穂さんは三食の食事を三分の一ほどとれるようになりました。診察時には友だち関係の悩みを打ち明けてくれます。

「小中学校までは、まわりの同級生に親切にしてあげても相手に裏切られることばかりでした。それで高校入学後、もう親切にすることは止めようと思いました。けれど、そうすると、教室ではいつも一人きりになり、孤独でしかたありません」

続けて、お母さんに対する不満を漏らします。

「友だち関係の悩みをお母さんに相談しても、『何を言ってるの、しっかりしなさい』『誰にでもあることよ』『どうしてそんな子と付き合うの？』『あなたが何かしたからじゃない？』『女の子ってそういうものよ』と軽くあしらわれてしまうんです。それ以上の話し合いがお母さんとできないんです。だからお母さんに相談することがなくなりました」

勝手が違っていた子育て

通院を始めて六か月後、美穂さんの体重が三九キログラムまで増えました。

この日の面接では、由美子さんの生い立ちの話になりました。

由美子さんは三人姉妹の長女です。父親は会社員で子煩悩。一方、母親は厳しい人で、逆らって喧嘩になると、立ち直ることができないくらいひどい言葉を浴びせられたといいます。そのため、母親とは喧嘩しないよう、いつも気をつかいながら生活してきました。仲直りも大変で、母親から謝ってくることは絶対になかったということです。

大学卒業後、公務員として働き、出産後も仕事を続けてきました。

「私は長女だったので、まわりに気をつかわずに自分の好きなことをするわけにいきませんでした。『お姉さんでしょう』といつも言われて、小学生のころから家の手伝いをさせられ、下の妹たちのめんどうをみるようにと言われました。友だちと遊びに行きたくても、家の仕事がまず優先でした」

けれど、子育てでは勝手が違ったようです。

「だから、自分の子には自分のようなつらさを味わわせたくなくて、自由にさせたいと思っていました。でも、いざ、母親になってみると、学校でのできごとや友だち関係のもめごとについて、子どもたちからクドクドと聞かされます。それがとても嫌で、私にかまわないでほしいと思いました。それで美穂にはそれ以上話すのを止めてとつい怒ってしまうんです。子どもたちからは『お母さんは怒るだけでどうして聞いてくれないのか』とよく文句を言われてきました」

通院が始まってから、由美子さんはこれまでの態度を改め、娘の話をよく聞くために十分な時間をとるようになりました。

通院を始めて八か月後、美穂さんは学校でのできごとを由美子さんに今まで以上によく話をするようになっています。

同時に、一日三回の食事をきっちりと食べることができるようになりました。体重も四二キログラム前後で維持しています。

高校卒業時までに体重が減ることはありませんでした。高校卒業後、市役所の臨時職員として勤務するようになりました。今でもやせたいという気持ちがまだ時々頭に浮かんでくるということです。美穂さんの希望で、通院は今もまだ続いています。

由美子さんは、母親を怒らせないように気をつかいながら子ども時代を過ごしてきました。そこで、自分の子どもは自由にさせてあげたいと思ったようです。それなのに、娘が学校や友だちのことで相談をもちかけてきます。それが嫌でしょうがありません。由美子さんは、

結論がすぐに出ないことをクドクドと聞かされるのが苦手でした。母親にしっかり自分の気持ちを聞いてもらう体験がなかったために、結論のでない相談にのるということに耐えられなかったのかもしれません。

仕事と違って子育てでは、ここまでやれば終わりとか、白黒がはっきりとつくとかということがありません。時間がかかり、あいまいな状態が続く、子育てという作業に身を置きつづけるのに慣れることができませんでした。

娘の治療を通して、面接で自分の気持ちを吐き出せるようになりました。その結果、娘の話に時間をかけて耳を傾けられるようになり、娘の神経性やせ症の改善にもつながったようにみえます。

思春期外来を訪れるお母さんたちの中には、子ども時代に親から受けた扱いと正反対に育てようとする人たちがいます。自分がそうした扱いを受けてつらかったので、子どもにはそんな思いをさせたくないと考えるのでしょう。しかし、そのようなかかわり方はうまくいかないことも多いのです。目の前の子どもに合わせて自分の態度を柔軟に変えていくことができず、自分がこころの中に描くイメージを優先して、硬直化した対応をしてしまうからでしょう。

自分のなかの親のイメージから自由になったとき、初めて自分の子どもにも自由を与えることができるのではないでしょうか。

親の姿を見て育つと信じた美智子さん

美智子さんは、娘の沙織さんを連れて思春期外来にやってきました。高校二年生の娘が、腹痛と下痢をすぐおこすというのです。

美智子さんは、娘が二歳のときに離婚し、その後は娘と二人暮らしを続けています。離婚後すぐに事務の仕事に就き、娘を保育園に預けて働いていました。

保育園時代の沙織さんは自家中毒を起こして嘔吐を繰り返し、たびたび小児科を受診していました。おとなしい子で、自分から進んで他の園児の輪のなかに入ることはありません。

小学校入学後、数は多くないものの仲のよい友だちもでき、特に嫌がることなく登校していました。しかし、小学六年生のころから朝になると腹痛と下痢を繰り返すようになりました。がまんしてなんとか登校していたそうです。

中学校入学後も腹痛と下痢が続きました。近くの小児科や内科にかかりましたが、どの医療機関でも胃腸の異常はないと言われるばかりです。

高校に入ると、腹痛と下痢の症状がますます強くなりました。大学病院の消化器内科で精密検査を受けましたが、胃腸に異常は見られません。ストレスにより消化器に症状が現れる過敏性腸症候群と診断されました。

いつも気分がイライラしているということもあって、内科の紹介で高校二年生の夏休み前に思春期外来を受診することになったのです。

診察室にやってきた沙織さんは、表情に生気がありません。腹痛や下痢のほかにも、常にイライラするのだそうです。イライラの原因について尋ねても、わからないということでした。過敏性腸症候群に加えて、不安な状態が続いていることから、少量の精神安定剤を飲んでもらい、二週間に一度通院してもらうことになりました。診察終了後には、お母さんの美智子さんとも面接を行います。

通院を始めてから一か月、腹痛と下痢はまだ続いていました。

「学校では友だちから協調性がないとよく言われます。数人の友だちと話をしていても、私がため息や不機嫌そうな顔をするので、みんなから『雰囲気が壊れる』と言われます。意識してそうしているわけではないのに、友だちに責められてしまうんです。だから、本当は学校に行きたくないんです」

そんなふうに友だち関係の大変さを語ってくれました。

一方、お母さんの美智子さんは、娘の過敏性腸症候群の原因が自身の愛情不足によるものではないかと自分なりに考えていたようです。通院するようになってから、一緒に入浴したり、寝たりしていると話してくれました。

「学校での友だち関係の悩みを相談されるんですけど、どうでもよいような些細なことで、毎回、同じような内容をクドクドと言ってきます。それで私自身がイライラして最後まで聞くことができません。私には沙織の考えが理解できないんです。世の中にはいろんな人がいるので、いろんな受け止め方をするんだよと説明しても、沙織はわかってくれません。沙織からは『お母さんと話をするとお腹が痛くなる』とよく言われます。沙織には自分自身で悩みを乗り越えてほしいと思います」

自然に大人になると思っていた

通院を始めて三か月が経ちました。相変わらず、腹痛と下痢が続いています。

沙織さんは家でお母さんに対して不満を言うようになりました。

「お母さんは私が何か相談しても真剣に話を聞いてくれない。こんな家にいるのは嫌だ、早く出たい」

一方で、美智子さんは、娘の気持ちが理解できません。

「自分一人では食事の支度も片づけも洗濯もできないのに、口では偉そうなことを言う気持ちが理解できません。困難なことがあっても自分で道を切り開いてほしい。頼れるのは自分しかいないということに早く気づいてほしい」

その後、美智子さん自身の生い立ちの話になりました。

三人姉妹の次女として生まれ、五歳のとき父親が心筋梗塞で亡くなります。その後は母親が懸命に働いて、子どもたちを育てあげました。ただ、決して優しい人ではなかったようです。

「家族にすべて甘えるのではなく、家族の一員としてできることをしっかりとしなさい」

それが美智子さんの母親の口癖でした。

高校卒業後、美智子さんは百貨店に就職しました。嫌な仕事もありましたが、どんな仕事も文句を言わずこなしてきたといいます。離婚後も弱音を吐かず、誰にも頼らず、一所懸命に働いてきました。

「とにかく仕事を一所懸命にやってきました。手抜きをしたことは一度もありません。そんな私の姿を見て、沙織が自然に大人になっていくものと思っていました。でも現実はうまくいきませんね。母親として私が沙織とちゃんと向き合う時間が必要であったことがわかりました」

続けて、こんなふうに話します。

「私は我が強いとよく人に言われます。でも、自分が正しいと思うことを貫き通すことも人生には必要だと考えています。だから、沙織にももっと強くなってほしいんです。同級生に何か言われても負けないでほしいと思っています」

通院を始めて六か月が経ちました。この頃になると、沙織さんの腹痛と下痢の症状はやや軽くなってきました。

「友だちは男子の話と他人の噂話ばかり。軽蔑しちゃう。でも仲のよい女子のグループから仲間はずれにされたくないので、興味のない話にがんばって付き合っているんです。だから、イライラしたり、お腹が痛くなったりするのかなあ。私は洋楽好きなのに、洋楽好きの人は今のクラスには誰もいないので寂しいなあ」

沙織さんは、この診察の一週間後、修学旅行に参加しました。

通院を始めてから八か月が経ちました。腹痛と下痢の症状はかなり改善しました。イライラした様子を見せることもなくなり、登校を渋ることもありません。

診察中の沙織さんから、お母さんや友だちに対する不満が聞かれることもほとんどなくなりました。

美智子さんも、娘の友だち関係の悩みごとを、途中でさえぎることなく、娘が満足するまで聞くようになったそうです。

「沙織の話を聞いていて、いまだに少しイライラすることはあります。でも、進学のことを考えたら、一緒にいられる期間は限られていると思うので、その間はできるだけのことをしてあげたいと思います」

高校を卒業と同時に治療を終了しました。治療期間は一年八か月。その後、沙織さんは大学に進学しています。

美智子さんはとてもがんばり屋で、離婚後も仕事に懸命に打ち込んで、娘の沙織さんを一人で育ててきました。自分の働く姿を見せることで、娘にも自分のようにがんばる生き方を自然と学んでほしいと思っていたのです。

そのため、娘が友だち関係の悩みごとを長々と話してきても、途中でさえぎり、自分自身で考え、乗り越えることを望んだのです。それは、娘の沙織さんからすれば、悩みごとを相談してもお母さんに相手にしてもらえず、突き放されたのも同然です。自分が大切にされていないように感じたことでしょう。

美智子さんに悩みごとを相談するのを止めてしまった沙織さんは、不満や怒りをこころのなかにため込むようになりました。それが、過敏性腸症候群の症状の悪化につながり、常にイライラした気持ちを抱えることにもなっていきました。自分の気持ちの吐き出し口がなかったのです。

美智子さんは面接で、自分の生き方を見て育ってほしい、自分自身で悩みを乗り越えてほしいと述べています。そうした態度について、主治医は特に批判せず、聞くことに徹しました。そうせざるを得なかった美智子さんの気持ちを大切に扱ったのです。

それもあったのでしょうか、美智子さんは少しずつ気持ちの余裕を取り戻し、娘とも向き合えるようになりました。それによって、沙織さんの症状も軽快していったのです。

お母さん、お父さんが、子どもにこうあってほしいと願うことは自然でしょう。ただ、その思いが強すぎると、子どもの立場に立って考えることをむずかしくしてしまいます。子どもはお母さん、お父さんの姿を見て育つばかりではありません。親子のあいだで、子どもの気持ちがどのくらい大切にされたのか、そうした経験が子どもの成長にはとても大事なことだとつくづく感じます。

4　子どもが愛せない！

母親に対する世間一般のイメージは、「子どもに無償の愛情を注ぐ存在」ではないでしょうか。哺乳類や鳥類のように、ヒトでも親が自分の産んだ子どもの世話をすることは、生まれつき備わった本能であり、至極当然のこととして考えられてきました。女性の社会進出が進んだ今でも、母親に対するこのようなイメージは大きく変わっていないようです。

思春期外来を訪れる親子のなかには、子どもを愛することができないと悩んでいるお母さんも少なくありません。その苦悩は世間一般の母親に対するイメージから来ているものもあれば、お母さん本人が抱える事情から来るものもあるように思います。

自分が産んだ子どもが可愛くない、愛せないというお母さんには、ご自身が親に大切にされて育ったという経験に乏しい方がみられます。そうしたみなさんは「子どもをどう愛してよいのかわからない」と口にします。子ども時代に満たされなかった気持ちを棚上げにしたまま大人になり、妊娠や出産を経て母親になっているのです。まず、お母さん自身が大切にされ、愛されるる必要があるのです。

一方で、妊娠・出産を経て母親となり、子どもの世話をするという体験を重ねることで、成長を遂げる場合もあります。それまで、子どもなんかいらないと思っていた人でも、子どもを授かれば可愛いと感じ、世話に没頭するようになることも珍しくありません。また、それまで疎遠であった実家との関係が、子育てを通じて大きく変化する場合もあります。

この章では、子どもを愛するという、子育てにおいて最も根本的な話題を取り上げてみたいと思います。

甘えさせたくない香織さん

香織さんは、娘の優樹菜さんと思春期外来にやってきました。小学校一年生の娘が不登校だというのです。

香織さんの家族は、夫と優樹菜さんの姉を入れて四人家族です。夫は配管業を営んでいます。優樹菜さんに発達の遅れはありません。優樹菜さんが二歳のときから姉とともに保育園に通っています。当時は、出かける時刻になってもお母さんと離れるのを嫌がって大泣きするので、無理やり預けていたそうです。保育園では、緊張すると頻繁にトイレに行っていたということでした。

歯磨き、着替え、入浴などが自分でできるように、幼い時期から手を貸さず、一人でさせてきました。甘えてベタベタしてきても突き放すことが多かったといいます。

小学一年生のゴールデンウイーク明けにかぜをひいて学校を数日間休んだ後から、登校を嫌がるようになりました。無理やり学校まで連れていくと、校門まではたどり着くものの、すぐにお母さんのところに戻ってきて大声で泣き出し、そばから離れようとしません。

二学期になっても登校できないため、思春期外来にやってきたということです。

優樹菜さんは年齢よりも大人っぽく見え、医者からの質問にもハキハキと的確に答えることができました。

これまでの子育てについて、香織さんはこう言います。

「優樹菜を早く自立させたいので、箸は正しく持ち、食事中は肘をつかず、靴は脱いだらそろえ、脱いだ服はたたむよう口うるさく言ってきました。優樹菜は私が言ったとおり、これまでやってきたんです」

不登校という診断で、治療が始まりました。二週間に一度通院してもらい、香織さんとも面接します。優樹菜さんの希望で、診察のたびに絵を描いてもらうことにしました。

通院を始めて一か月後も不登校が続いていました。どうして学校に行けないのかと、香織さんは娘を毎朝厳しく叱りつけているそうです。

「学校に行くとママのことが頭に浮かび寂しくなる。ママがいないと嫌なことが起きそうな気がする。ママがいないと誰も助けてくれない」

優樹菜さんはそう言って、校舎に入りたがらないということでした。

通院が始まって三か月が経ちました。泣くことこそ少なくなったものの、不登校は続いています。学校では学芸会の練習が始まったということです。

「こころの中でお母さんがいなくなったらどうしようと考えちゃう。それで悲しくなる」

診察で優樹菜さんは、そんなふうに話します。

香織さんとの面接では、生い立ちの話になりました。

甘えられる子どもが羨ましい

両親は、香織さんが保育園に入園する前に離婚しました。香織さんは父親に引き取られ、父方の祖母に育てられました。祖母はしつけに厳しい人で、叱られるばかりで甘えた記憶がありません。そのため、早く家から出たいといつも思っていたそうです。

高校を卒業して間もなく結婚し、出産しました。母親の記憶がないせいか、母親としての愛情がどういうものなのか、よくわからなかったということです。子どもたちにベタベタされて甘えられるのが嫌でしょうがありませんでした。

「子どもたちにベタベタと甘えられると、なぜかイライラしてきます。どうしてなのかといつも考えていました。私自身が親に甘えられなかったので、子どもたちが甘えることに羨ましいという気持ちがあるのかもしれません。子どもたちが自分に甘えてこないように、一人前の人間として早く独立してもらおうと思って、厳しくしつけをしてきたのかもしれません」

そんなふうに話すと涙を流しました。

通院を始めてから四か月。優樹菜さんの不登校は続いています。

「朝、お母さんに校門まで行ったらと言われたり、担任の先生にせっかく校門まで来たんだから校舎に入ろうねと言われたりするのがいやなの」

優樹菜さんから、そんな言葉がはっきり告げられました。

香織さんによると、一人で留守番ができず、買い物に出ようとすると後を追ってきて「一人にしないで」と言うこともあるそうです。

この日の面接では、夫の話になりました。

「夫は、父親の代から配管業の会社を経営しており、その跡を継ぎました。夫の両親はともに子煩悩であったそうです。時間があれば夫も子どもたちとよく遊んでくれます。夫からは子どもたちに冷たすぎるとよく言われます」

通院を始めて五か月がすぎました。このころから、二時間だけ登校できるようになりました。香織さんによると、娘が自宅でもよく笑うようになったそうです。帰宅すると「学校は楽しかったよ」と言ってくるようになりました。

このころ、娘の希望で子猫を飼い始めました。子猫の世話は優樹菜さんの役目です。優樹菜さんはもともと生き物が大好きなので、とても熱心に子猫の世話をしています。

香織さんはもともと動物を飼うことに乗り気ではなかったのですが、娘が強く求めたので受け入れることにしました。

通院を始めて六か月。学校にいられる時間が少しずつ長くなっています。

「学校に行ってもお母さんがいないので寂しいと思うけど、がんばることができるようになったよ。だってお母さんは家にいて、私のことを考えてくれるんだもの。今のお母さんはすごくやさしくて大好きなの」

自宅で香織さんにベタベタとからだを接触させてくることが多くなりました。以前ならそれが不快でしたが、今は嫌な感じはしなくなったと香織さんは言います。

「自分の気持ちが穏やかになりました。以前は優樹菜のちょっとした態度や行動に腹が立ちましたが、今は余裕をもって見守ることができます。通院して先生に話を聞いてもらったおかげでしょうか」

通院を始めて七か月が経ちました。優樹菜さんは休まず登校し、一日中、学校にいられるようになりました。一人で留守番もできるようになりました。香織さんが出かけるときには、「何時に帰ってくるの？」と必ず聞いてきますが、泣き出すことはありません。

その後も休まず登校できました。小学二年生に進級し、休まず登校しています。治療は一年で終了しました。

優樹菜さんは、現在は高校生になり、元気に通学しています。


優樹菜さんは、お母さんと離れることが不安で登校できない小学生でした。香織さんから離れられなかったのには、それまでの香織さんとの親子関係が深く関係していました。

香織さんは、娘にベタベタと甘えられることが不快で、突き放すようなかかわり方をしてきました。甘えさせないようにと、早くから自立を求めるようなしつけもしてきたのです。

こうした態度には、香織さんの生い立ちが深くかかわっているように思えます。両親が離婚し、幼少期から祖母に厳しく育てられてきました。香織さん自身が誰かにしっかりと甘えた経験がないまま育ち、そのまま結婚して、母親になってしまったのです。そのため、母親としてどう振る舞ってよいのかわからなかったのでしょう。

それだけではありません。甘えてくる娘を目の前にすると、自分が体験できなかったことを手に入れようとする娘に腹立たしさすら覚えました。親子でありながら、香織さんは娘を自分と対等の立場と見なし、甘えを満たそうとする態度を許すことができません。

通院しながら、香織さんは主治医に少しずつこころを開き、自分の本当の気持ちを表現できるようになりました。病院以外ではなかなか語ることができない「子どもに愛情を感じない」という事実も言葉にすることができました。このような感情を家族や友だちに打ち明けても、ダメなお母さんと批判されるばかりだったでしょう。

幸いなことに、夫は子煩悩でした。それが登校をうながした側面も見逃せません。夫が娘の甘えたい気持ちを受け入れてくれることで、子どもの不登校に困惑し、不安になっている香織さんを支えてくれたわけです。

香織さんが娘の甘えたい気持ちを受け入れたことで、娘の優樹菜さんも自分が大切にされていると感じ、やさしい母親のイメージをこころのなかに持つことができるようになって、お母さんから離れても不安にならず、学校生活を送れるようになったのです。

言うことをきかないと腹が立つ和子さん

和子さんは、息子の翔太くんを連れて思春期外来にやってきました。中学二年生の翔太くんが不登校だというのです。

和子さんは、トラック運転手の夫と夫婦喧嘩が絶えず、翔太くんが五歳のときに離婚。長女と翔太くんをひきとって生活しています。

翔太くんは保育園時代から落ち着きがなくやんちゃで、先生から怒られてばかりいたとのこと。運動会やお遊戯会では集団行動がとれず、一人だけ逆方向に走り出したり、舞台から飛び降りたりしていました。自宅でも落ち着きがなく、叱られてばかりで、父親に叩かれることもありました。

小学校入学後も落ち着きがなく、授業中に教室からたびたび飛び出し、担任の先生から何度も叱られました。担任の先生から毎日のように「これでは困ります」「自宅でのしつけで何とかなりませんか」という連絡を受けたそうです。

中学校入学後、落ち着きのなさは目立たなくなりましたが、思いどおりにならないと同級生に暴力を振るうようになりました。同級生が少しでも気にさわるようなことを言うと、相手の子を殴ったり蹴ったりしました。次第にクラスで孤立し、中学二年の夏休み明けから学校を休むようになりました。自宅では和子さんの言うことをまったく聞き入れず、注意をすると、物に当たったり、和子さんや姉に暴力を振るったりします。包丁を持ち出して、脅すようなこともありました。そのため、中学二年の一〇月に思春期外来を受診することにしたというわけです。

体格のよい翔太くんは、主治医からの質問に「べつに」と短く答えるだけで、投げやりな態度をとっています。

和子さんはこんなふうに訴えました。

「とにかく、わがままな子で、私の言うことを聞かず、キレてばかりです。もう顔を合わせることも嫌です。このままでは家族の誰かが怪我をしてしまいそうです」

暴力を伴った注意欠如・多動症（ＡＤＨＤ）と診断され、家族と離れる必要があるという判断から、入院することになりました。

入院後は病棟の規則に従い、少量のＡＤＨＤの薬を飲むこともできて落ち着いた生活を送ります。

回診時にこんなふうに言ってきました。

「大人なんて誰もオレのことをわかってくれない。だからキレるしかないんだ。ときどき、オヤジから叩かれたことを思い出してイラつくんだ」

お父さんから受けた体罰がトラウマになっている可能性をうかがわせる発言です。

叩くと言うことをきいてくれるから

入院中、和子さんは定期的に病院に面会に訪れ、主治医とも面接しました。当初は息子に対して腹立たしい気持ちを訴えていましたが、その後、話題は自分自身の生い立ちへと移っていきました。

和子さんの両親も不仲で、保育園時代から夫婦喧嘩が絶えませんでした。父親はしつけに厳しく、叩かれることはもちろん、包丁を向けられることすらあって、とても怖かったということです。

一方で母親からは「産まなきゃよかった」「あんたがいたせいで離婚もできない」とよく言われました。そのため、自分なんかいないほうがいいのかなあと幼い頃から考えていました。

高校卒業後、アルバイトを転々としました。早く結婚して家を出たいと強く思い、二〇歳で同じ職場の先輩と結婚、娘と息子を出産しました。しかし、夫は家事や育児にはまったく協力してくれず、パチンコや釣りに出かけるばかり。落ち着きのない翔太くんを叱りつけ、時に叩くことを繰り返しました。翔太くんは夫にビクビクしていたようです。当然、夫婦喧嘩も絶えません。

「着替えなさい」「ご飯食べなさい」「お風呂に入りなさい」などと言っても聞き入れない子どもたちに、和子さん自身も叱ることが多かったそうです。とくに、翔太くんは落ち着きがなかったため、娘よりも叱る回数が多かったとのことでした。

夫に何度も家事や子育てに協力するよう訴えたのですが、一向に生活態度が改まりません。そのため、二七歳のときに離婚して、子どもたちを引き取りました。不仲な自分の両親に手助けを求めることができないまま、離婚後、仕事に出るようになりました。仕事は忙しく、経済的にも時間的にも余裕がなくなり、子どもたちを叱ることがますます増えました。そのためか、高校生になった娘はすぐに中退、息子の翔太くんも中学校入学後から不登校となり、家で暴れるようになったということです。

「結婚前は、子どもを叱る親にだけはなりたくないと思っていました。けれど、母親になってみると、子どもたちは自分の思いどおりに動いてくれません。泣きわめいたり、かんしゃくを起こしたりします。何を言っても聞き入れてくれず、叱ったり、叩いたりするしかありませんでした。叩くと一時的に言うことを聞いてくれました」

そして、本心を打ち明けてくれたのです。

「実は、子どもたちがかわいいと思ったり、愛情を感じたりすることがありません。私自身の生活を邪魔する〝ヤツラ〟と思っています。子どもたちさえいなかったら、もっと違った人生になっていたのにと思います。私は母親にはなれない人間なんです」

そう言って、涙を流しました。

一か月間を経て翔太くんが退院してから、一緒に定期的に通院することになりました。和子さんは、それまで疎遠だった姉に助けを求め、子どもたちのめんどうをみてもらうようになったそうです。また、主治医のすすめもあって、訪問看護を導入するようになりました。看護師が自宅へ訪ねてきて、翔太くんから話を聞いたり、一緒にゲームをしたりしてくれます。看護師には、ひきこもっている長女に対してもいろいろと話しかけるようにお願いして、かかわりをもってもらいました。加えて、和子さん自身もこれまでの苦労を看護師に聞いてもらうようになりました。

職場の上司も理解のある人で、遅刻・早退や休みについて、家庭の事情に合わせて柔軟に対応してくれます。

おかげで、和子さんは、自分は一人ではないんだと思えるようになったそうです。次第に前向きな考えを持てるようになり、子どもたちにひどく当たることもなくなりました。

翔太くんですが、通院中も何度か自宅で暴れて、入院することになりました。ただ、繰り返すうちに、キレたときの自分の気持ちを言葉で表現することができるようになってきました。次第に自宅で暴れることは少なくなり、不満を言葉で訴えるように変化したのです。

現在は、通信制高校に入学し、仲の良い友だちとスケートボードで遊んでいます。長女もアルバイトの面接を受けに出かけるようになりました。

☞和子さんは、両親から大切にされた記憶がなく、トラウマになるような体験を繰り返して育ちました。そのためか、自己肯定感が乏しく、安心感のある人間関係を築けないまま大人になっています。

和子さんの子どもたちへの態度には、自分の存在を否定されるような環境で育てられたことが深くかかわっていると思われます。それに拍車をかけたのが、離婚後の余裕のない生活でした。離婚後、頼れる人が誰もおらず、ひとりで二人の子どもたちを育てなくてはいけませんでした。経済的に余裕がなく、時間にも追われる状況です。

こころに余裕がないと、子育てで感じるはずの楽しさや喜びに気づく機会は失われ、ただただ、大変で苦痛なものとしか感じることができなくなるのは当然でしょう。和子さんも疲れ切り、切羽詰まっていたに違いありません。子ども時代に体験したトラウマがよみがえり、子どもたちにさらにきつく当たるようになったことでしょう。誰かにそのつらさを聞いてもらい、ねぎらい慰めてもらう必要があったのです。

通院を開始してから疎遠にしていた姉や、訪問看護師とつながる機会を持ちました。自分自身を受け止めてくれる相手ができたことで、余裕が生まれたように見えます。それにともなって、時間が止まったようだった子どもたちもまた、成長へと再び歩みはじめたのでしょう。

大人になってからでも、たとえ悲惨な生い立ちがあったとしても、変われないということはありません。しっかり人とかかわりをもち、受け止めてもらうことで、こころに余裕が生まれれば、大人であっても成長できる可能性が十分あるのです。

5　夫婦の確執が影を落とす

子どもの問題で思春期外来を訪れたお母さんたちと面接を繰り返していくうち、そこに夫婦の問題が深くかかわっていることが明らかになる場合があります。指摘するまでもなく、お母さん自身もそのことに気づき、夫婦関係を変えていこうと夫に働きかけていく。その結果、お母さん自身がまず元気になり、それにともなって、子どもの問題も落ち着いていくという経過をたどるでしょう。

子どもたちにとって一番身近な人間関係は、両親の関係だと思います。夫婦関係が良好であれば、そうした関係のなかで子どもたちも自分が守られ、大切にされているという実感を重ねていくことになるでしょう。

一方で、夫婦の折り合いが悪く、喧嘩が絶えないようであれば、子どもたちは自分の身を守るため、壊れそうな人間関係を継続させるべく、親の顔色を窺い、親の気持ちを第一に振る舞わねばならなくなります。本当の自分を抑えて生きていくことになるのです。そうした子どもは、端からすれば、手がかからず、育てやすく見えるかもしれません。しかし、思春期ともなると、無理がきかなくなり、さまざまなほころびが現れはじめます。

ここでは両親の不仲が強く影響したと考えられるケースを取り上げ、子育てにおける夫婦関係について考えてみたいと思います。

しつけが悪いと責められる直美さん

直美さんは、娘の麻衣さんの体重が減っているということで、思春期外来にやってきました。娘の麻衣さんは中学二年生。直美さんの家族は、夫と麻衣さんの姉を加えて、四人家族です。

麻衣さんに発達の遅れは特になく、保育園のときも活発な子どもでした。近所の男の子と一緒にかけっこをしたり、木登りをしたりして遊ぶことが大好きだったということです。

小学校でも勉強がよくできて、学級委員を務める優等生でした。

中学校入学後、卓球部に入り、休むことなく登校し、部活にも参加してきました。ところが、中学一年生の二学期の終わりから食欲が低下し、五三キログラムあった体重が二か月間で七キログラム減って四六キログラムになり、生理も止まってしまいました。小児科を受診しましたが異常はみつかりません。小児科の紹介で思春期外来を受診することになったのです。

初めに診察室に現れたときは、身長一五七センチメートル、体重三八キログラム（標準体重の七四％）でした。直美さんによると、体重が増えることをひどく気にしており、食事は一日二食、それもヨーグルトとこんにゃくゼリーしか食べません。

直美さんが言うには、自分の気持ちを言わない子で、家では学校でのできごとをほとんど話さないということです。

主治医からの質問に対しても「わからない」「べつに」としか答えてくれません。

神経性やせ症の疑いという診断で治療を始めることになりました。二週間に一度通院してもらい、本人との診察終了後に、お母さんの直美さんとも面接します。言葉でのやり取りがむずかしそうなので、診察ではオセロやトランプをすることにしました。

通院を始めてから三か月。相変わらず、診察室ではほとんど話をしません。ただ、少量ですが炭水化物をとるようになり、三度の食事をなんとか食べるようになったそうです。体重も四〇キログラムまで増え、生理も半年ぶりに戻りました。

直美さんによると、学校でのできごとをよく話すようになったということです。

ある日、直美さんは娘からこんなことを打ち明けられました。

「中学校入学直後からいじめにあって、かぜで学校を休んだら、自分の机の中に雑巾やゴミが入っていた。同級生の誰かがやったと思うけど、犯人はわからなかった。担任の先生に言うことができず、放課後、自分で雑巾とゴミをゴミ箱に捨てて帰ったことがあったんだよ」

早く話してくれたらよかったのにと思いながら、娘と一緒に泣いたということでした。

通院を始めてから六か月が経ちました。体重が四一キログラムまで増えました。

「小学生の低学年のころ、お母さんがパートタイムの仕事に出るようになりました。忙しそうにしているお母さんを見ると、学校であった嫌なことを相談することができなかったんです。だから、困ったことがあってもずっとがまんしてきました」

涙を流しながら、そう話してくれました。

直美さんによると、がんばって三度の食事をとっているということです。そばにいたがって、一緒に買い物に出かけたり、台所に一緒に立ったりするようになりました。

夫婦喧嘩が絶えない家

通院を始めて八か月が経ちました。すっかり普通の量の食事をとれるようになっています。

「うちは夫婦喧嘩が絶えない家なんです。小学校時代に両親の喧嘩を立ち聞きしたことがあります。そのとき、お母さんがお父さんに『子どもがいなければ、私はあなたとはすぐに離婚したい』と言うのを聞きました。とてもショックで、その後もずっとその言葉を忘れることができません。口を開けば喧嘩ばかりのこの家では、何かを話してもしょうがないと思って、すべてがまんしてきました」

そう言って、麻衣さんは診察室で大泣きしました。

一方面接では、直美さんが生い立ちを話してくれました。

直美さんの育った家では、会社から帰った父親が毎日晩酌し、酔っては暴言をはいたり、暴力を振るったりしていました。母親はそれにただ黙って耐えていました。

母親はいつも不機嫌で、子どもたちを叱ってばかりいたそうです。

「私は母親に愛されたという思いがないまま育ちました。とにかく、この家から早く出たいといつも考えていました。今から思うと、酒好きの父親と子どもを抱えて、気持ちの余裕がなかったのだとわかりますが、当時の私にはそんなことはわかりませんでした」

高校卒業後に就職し、すぐに一〇歳年上の男性と結婚しました。夫は、子どもたちと一緒になって遊んだり、どこかに出かけたりするようなことはまったくせず、休日になるとソファに寝転がり、テレビばかり観ているということです。ひまさえあれば、直美さんの父親と同じように酒を飲むのだとか。子どもたちを外に連れ出すのは、いつも母親である直美さんの役割でした。

「どこかに子どもたちを連れて行ってほしいんだけど」

ある日夫にそう頼むと、「子どもではなくて、お前がどこかに出かけたいんだろう。おれは疲れているんだ。バカやろう！」と怒鳴り、口をきいてくれなくなりました。

何か頼むと、嫌な気持ちになるだけなので、それなら自分でなんとかしようと思い、夫を頼らずに行動するようになりました。

子どもたちが学校を休んだり、友だちともめたりしても夫は怒鳴るばかり。

「お前のしつけが悪いんだ。もっとしっかりと子どもをしつけろ！」

子育ては夫と力を合わせてするものだとかつては思い描いていましたが、子どもを産んでからは実現できない夢だと諦めて、これまで一人でひたすら子育てに励んできたのです。

子育て以外のことでも夫とぶつかることが多く、夫婦喧嘩が絶えませんでした。

「夫婦喧嘩をなるべく見せないようにしてきたつもりでしたが、大声で怒鳴り合うので、きっと子どもたちはわかっていると思います」

そんなふうに話します。

「もっと麻衣の話を聞いてあげたらよかったと後悔しています。麻衣のほうから何も言ってこないので、それでいいんだと思っていました。こうやって通院するようになってから、麻衣の気持ちをよく考えると、言いたいことが何もないのではなくて、言いたくても言えなかったんだということがよくわかりました」

通院を始めて一年が経ちました。麻衣さんは診察室でも自宅でもよく話をするようになりました。時には直美さんに反抗的になることもあるようです。直美さんは、娘の気持ちを抑えつけるのではなく、しっかりと話を聞いて対応するようになりました。

その後も体重が減るようなことはなく、通院を始めて一年六か月後には体重が四五キログラムにまで増えました。この時点で治療を終了しました。

その後の麻衣さんは、高校に入学し、現在は大学生として元気に生活しています。

直美さんは、親に大切にされたという体験が乏しいまま結婚し、母親になりました。しかし、子育ては、直美さんが思い描いていたものとは異なり、夫の協力が得られないものでした。子どもたちに何か問題が起こると、すべて直美さんが悪いと一方的に責められることすらありました。そのため、夫婦喧嘩が絶えません。そんな家で、娘の麻衣さんは育つことになったのです。

夫婦喧嘩を見ながら育つなかで、いつも大変そうなお母さんに自分の本音を伝えなくなり、手のかからない子として成長しました。そして、思春期にいたって神経性やせ症を発症することになったのでした。

直美さんも、自分や夫婦に問題があるとうすうす気づいていたようです。でも、誰にでも話せるようなことがらではありません。こころのなかで整理し、向き合うような機会がないまま、過ごしていたのです。

娘の神経性やせ症の治療をきっかけに、主治医にこれまでこころのなかにためていたことを話すようになりました。生い立ちのなかで自分が得られなかったものや、理想とかけはなれた夫婦関係などを診察室で繰り返し語りました。

夫婦の問題が子どもたちに及ぼす影響は、当然ながら非常に大きいものです。夫婦喧嘩を見るたびに、この両親の元に生まれてきて本当によかったのか、自分がいるために不仲なのだろうか、自分がいないほうがいいのではないか、などと子どもたちは考えることでしょう。

麻衣さんの拒食という症状には、両親から愛されない自分なんて生きていく価値がない、という思いが無意識のうちに現れていたのかもしれません。

自分は家政婦だと訴える優子さん

優子さんは、娘の玲奈さんと思春期外来を訪れました。高校一年の玲奈さんが自傷を繰り返しているというのです。

優子さんの家族は、夫と玲奈さんの兄を加えて、四人家族です。

玲奈さんは、幼稚園時代からとても聞きわけがよい子でした。幼稚園では年下の園児のめんどうをよくみていたそうです。

「どうしつけたらこんなに立派な子どもを育てることができるのですか?」

周囲から、そんなふうに聞かれたこともあるということでした。

小中学校時代も勉強がよくできる優等生で、何ひとつ心配ありません。

地元の進学高校にトップクラスの成績で入学します。しかし、その直後からカッターで手首を繰り返し切るようになりました。傷跡を見つけた優子さんが、すぐに一緒に思春期外来へ連れてきたのです。

玲奈さんはうつむいたままで、「つらい」「死にたい」と言うだけで、ほかには何も話してくれません。

これまで優等生であった娘が突然自分を傷つけるようになったことに、優子さんはひどくあわてた様子でした。

二週間に一度の割合で通院することになりました。診察の後に、優子さんとも面接します。

一か月経っても、玲奈さんの自傷は続いていました。

「高校の同級生は、勉強以外に運動ができたり、いろんな特技を持っていたりする人たちばかりです。でも私は勉強以外になんの取り柄もありません。中学校までは勉強できることが自慢でしたが、今ではその自信もない」

玲奈さんはそう話します。

「ただ言いつけにしたがって、親に気に入ってもらうために、ひたすら勉強に励んできました。そんな自分でいいのだろうかと思います。そう考えると、自分には自分らしいところが何もなく、親しい友だちもいなくてとても寂しい。孤独に思えて仕方ありません。そんなときに手首を切ってしまいます」

優子さんは、娘が傷つけた腕をみるたびに、「止めなさい」と繰り返し叱っていたようです。

通院を始めてから三か月が経ちました。中学校時代に少しだけ経験のあった卓球部に入部したということです。間もなく、一年先輩の男子とお付き合いをするようにもなりました。

「先輩と付き合いだしてから、リスカをしたくなることはなくなりました」

玲奈さんは笑顔で話してくれました。

通院を始めて四か月。

「彼が他の女子生徒と仲良く会話している姿を見ると、とても腹が立ってしかたありません。それで、『どうしてそんなことをするのか』と彼を何度か責めたことがあります」

玲奈さんはそう述べます。それでも、放課後や休日に彼の自宅で長い時間過ごしていました。

通院を始めて六か月が経ちました。交際に夢中になっているのを両親にとがめられ、無理やり別れさせられたそうです。学校は通信制高校に強制的に転学させられました。その直後から自傷が再び多くなり、外科で縫合を受けるようなことすらありました。

通院を始めて八か月が経ちました。ファストフード店でアルバイトをするようになったところ、今度はそこで知り合った成人男性と交際を始めたそうです。しかし、そのことを両親が知り、再び無理やり別れさせられました。その直後、病院で処方された精神安定剤を過量服薬して入院することになったのです。

入院後、玲奈さんから、お父さんとの関係について打ち明けられました。

「お父さんは帰宅すると毎晩お酒を飲む人で、酔うといつも私を叱りました。中学生になるまで、お父さんの言うことにしたがわないと叩かれたんです。そのため、お父さんの機嫌をうかがってビクビクしながら生活してきました。お父さんが望む『よい子』の条件は勉強ができることなので、ひたすら勉強に励んできたんです。でも、高校に入ってから、本当にこれでよいのかと悩むようになったんです」

そんな矢先、卓球部の先輩に出会ったということでした。先輩は玲奈さんの話を批判することなく何でも聞いてくれました。玲奈さんはその先輩の前では飾らず素のままの自分でいられるので、徐々に惹かれていったということでした。

その彼と無理やり別れさせられた後に、アルバイト先で知り合った成人男性は、自分よりも経験豊かな物知りで、玲奈さんの疑問にすべて答えてくれました。とても頼もしく思えたということでした。

家政婦として生きてきた

娘の玲奈さんの入院中も、優子さんとの面接は続いていました。その席で、優子さんはこんな苦しみを打ち明けたのです。

「私はこの家では『家政婦』として生きてきました。結婚後、夫からの暴力がひどく、木刀で叩かれたこともありました。いつも夫を恐れてビクビクしながら生活していました。子どもたちに対する愛情を感じたことがありません。家事や子育てに自分の気持ちをこめることなく、事務的にこなしてきました。子どもたちをかわいいと思って育てた記憶がほとんどないんです」

そう言って、涙を流します。さらに話題は彼女の生い立ちに及びました。

「私の父親は大酒飲みでした。酔っては暴言をはく人でした。母親はそれに耐えて家庭を支えていたんです。そんな母親の姿を見て、絶対にお酒を飲む人とは結婚しないとこころに決めていました。でも、現実はうまくいかないもので……。お見合いを勧められ、とてもまじめそうで仕事もできる人であったので、今の夫と結婚しました。でも、お酒を飲む人だったんです。

今は、そのころに戻ってもう一度別の男性とやり直したい気分です。子どもたちには申し訳ないんですけど」

優子さんは、娘の自傷をきっかけに、このままではいけないと考え、玲奈さんを大切にしたいと強く願うようになりました。玲奈さんと二人だけで買い物に出かけたり、旅行にも出かけたりするようになりました。

また、自分自身の時間も大切にしたいと考えて、若いころから習ってみたかった水彩画の教室に通うようにもなりました。

「家族のためだけに時間をつかうのではなく、自分自身のためにも時間をつかうようになりました。そうしたら、少しですが、余裕をもって玲奈とも向き合えるようになりました。夫は相変わらずですけどね」

通院を始めて一年が経ちました。玲奈さんは、自傷や過量服薬にいたることは少なくなり、行き過ぎた男性との関係もみられなくなりました。高校卒業と同時に治療は終了しました。

現在の玲奈さんは、介護施設に就職して、元気に働いています。

優子さんの家庭は、いつも緊張した空気に包まれていました。晩酌しては暴言をはき、暴力を振るう夫を怒らせないよう、優子さんは必死でした。それが優子さんの最大の関心事だ

ったのです。そのため、娘の玲奈さんに関心を向けるこころの余裕がありませんでした。

優子さんは、母親や妻として家族を愛し、いとおしむというよりも、ただ家事や子育てを事務的にこなす「家政婦」として生きてきました。ですから、娘である玲奈さんもお母さんからの愛情を感じることなく、お父さんからの暴言や暴力におびえながら生活してきました。彼女たちの家では、自分の気持ちよりもお父さんの気持ちを優先するよう求められていたわけです。

高校生になった玲奈さんが、自分のなかの矛盾に気づき、教室内の同年代との生活が苦しくなりました。優しさや安心を求めて異性関係に自分の居場所を求めるようになり、それがうまくいかないと、自傷や過量服薬を繰り返したのです。

優子さんは娘の治療をきっかけに、主治医との面接を受け、そこでこれまで抑えてきた気持ちを吐き出すことができるようになりました。そして、このままではいけないと考え、娘との時間や自分自身の時間を大切にするようになったのです。その結果、娘の自傷や過量服薬もおさまっていきました。

お母さんたちは子どもに対して、食事、洗濯、掃除などの日常生活のさまざまな世話をやきます。そうした振る舞いに、子どもへの気持ちが込められていることがいかに大切かを示してくれるできごとでした。

家庭とは、子どもたちにとって食事、洗濯、掃除などの日常生活のさまざまな世話を提供してくれる場所です。それがからだの成長につながります。けれど、それだけで健全に育つとは限りません。大切に思ってくれる家族がいることによってはじめて、こころの成長が果たされるのでしょう。そのことを改めて考えさせられました。

子どもを相談相手にした直子さん

直子さんは、娘の彩香さんと思春期外来を訪れました。高校一年の娘の体重が減り続けているというのです。

直子さんの家族は、夫と彩香さんの妹を入れての四人家族で、直子さんも夫もともに会社員です。

彩香さんに発達の遅れはなく、保育園では年下の園児の世話をよくする子で、保育士さんからいつもほめられていました。直子さんにとって自慢の子だったそうです。

小学校時代も手のかからない優等生で、いつも学級委員を務めていました。中学校ではバスケットボール部に入部します。中学三年生のときに顧問の先生が替わって、バスケ部の練習がこれまで以上にきつくなりました。

新しい顧問の先生は部員全員に対し、「太ったら動けなくなるぞ」と繰り返して言っていたようです。その言葉を真に受けて、ご飯を抜いておかずだけの食事をとるようになりました。中学三年生の八月に五〇キログラムあった体重が、三か月間で四二キログラムまで減り、生理も止まってしまいます。部活を引退した後も、食事を制限し続けました。

高校に入学したときには、体重が四〇キログラムにまで減っていました。内科を受診したものの、検査で異常はみつからず、神経性やせ症が疑われて、思春期外来に紹介されてきたのです。

診察室を訪れたとき、身長が一六〇センチメートル、体重が三二キログラム（標準体重の五九％）で、やせがとても目立っていました。今は、朝食が菓子パン一個、昼食が自分で作ったすごく小さなお弁当、夕食がサラダとヨーグルトのみということです。

「自分は病気ではありません。悩みごとも何もありません」と彩香さん。

直子さんは、部活を辞めた後も食事をとらない娘に、どう対応したらよいかわからず、とても戸惑っている様子でした。

神経性やせ症という診断で、二週間に一度、通院してもらうことになりました。診察が終わった後に、直子さんとも面接します。

通院が始まってから一か月後。彩香さんから、こうなったきっかけについての話がでました。

「中学校入学後、同級生の男子から『お尻が大きい』と言われて、ひどくショックでした。それで、夕食のご飯だけをときどき残すようになりました。その後、部活の顧問の先生から『太ると動けなくなるぞ』と言われて、ご飯を食べなくなりました。そうしたら、みるみるうちにやせてきたんです」

一方、直子さんは、家庭の状況についてこんなふうに話します。

「夫は仕事で不在のことが多い人でした。私はもともと友だちが多いほうではないので、子どものことや家のことを相談できる相手がいませんでした。そのせいで、家庭や職場のグチを彩香にこぼしてきたかもしれません。彩香は娘としてではなく、私の相談相手でした」

直子さんの帰りが遅く、毎日家族の夕食を作るのは娘の彩香さんの役目だったということです。

その後も食事がとれないまま、体重が減り続け、三三キログラムまで減少。そのため、高校一年の一二月に冬休みの期間をつかって、入院することになりました。

入院しても食事のとれない状態が続いたため、高カロリー輸液の点滴を行います。

離婚を打ち明けて

娘の入院中に、面接の席で直子さんは自身の生い立ちについて話してくれました。

父親が会社員で、母親が介護士をしていました。母親は夜勤があり、家を空けていることが多かったそうです。小学校時代はそれが寂しかったそうですが、中学生になると仲の良い友だちに恵まれて、楽しく過ごすことができました。

夫は高校時代から交際していた同級生です。営業の仕事をしており、夜は遅く、出張も多い。直子さんもそれが当たり前と思ってこれまでやってきました。

でも、仕事というだけではどうしても理解できない行動が夫にあると気づくようになりました。娘が中学生になってからというもの、泊りの仕事が多くなり、ひっきりなしに携帯電話を見ることが増えたのです。浮気でした。大変ショックを受けましたが、誰にも相談できずにいたということです。

そのことでいつも頭の中がいっぱいで、気持ちに余裕がなくなりました。仕事をしていても上の空で、子どもたちと向き合っても、こころここにあらずという状態です。

迷った末に、夫の浮気について娘の彩香さんに話したそうです。とくに嫌がりもせず、冷静に聞いてくれたということです。直子さんは、離婚を考えていると打ち明けてくれました。

入院中、彩香さんの体重は順調に増え、それにともなって食事の量も増えていきました。病棟の看護師とも言葉を交わすようになり、好きな音楽や芸能人、好みの男性のタイプ、将来の仕事のことなどを話しています。将来、看護師になりたいと言うようにもなりました。

入院して三か月が経つと、体重が四八キログラムになり、生理も再開しました。高校一年生の三月には退院することができました。
その後、体重が減ることはありません。
現在、彩香さんは看護系の大学で大学生活を楽しんでいます。入学時点で治療は終了となりました。
なお、娘の高校卒業を機会に、直子さん夫婦は離婚しています。

直子さんは、夫の浮気に悩み、子育ての精神的な余裕を失っていました。頭のなかは常に夫婦の問題でいっぱい。相談相手に乏しいこともあって、夫婦関係の悩みを娘の彩香さんに話すようになったのでしょう。

子どもにしてみれば、とても大きな問題を背負わされてしまったわけです。お母さんに心配をかけることはこれ以上できず、これまでどおり、優等生を演じ続けるしかありません。そんな状態のときに、顧問の発言がきっかけとなって、神経性やせ症を発症させることになったのでした。

娘の入院治療がひとつの区切りになったのでしょうか、直子さんは自分の問題に気づき、冷静に判断できるようになりました。彩香さんも、年齢相応のやり取りを看護師と重ねることで少しずつ変わっていったのでしょう。

思春期外来を訪れるお母さんたちには、直子さんのように娘を相談相手にしてしまう人もいるようです。お母さんの悩みや苦しみを知り、何とかしようと、子どもたちもがんばります。迷惑をかけないようにしよう、困らせないようにしようとして、必要以上に優等生やよい子を演じるようになるのです。

しかし、そうしたがんばりには無理があります。こころの器にため込んだはずの気持ちが限界に達し、さまざまな症状のかたちで、あふれ出すことになります。神経性やせ症は、こころの問題がからだの症状として現れる、ひとつの典型例だと考えられるでしょう。

夫の暴言を誰にも話せない理恵さん

理恵さんは、娘の優花さんを連れて思春期外来にやってきました。中学一年生の娘が不登校だというのです。

理恵さんの家族は、夫と優花さんの姉と兄を加えて、五人家族です。夫は会社員で、帰宅すると毎晩のように晩酌するのが習慣になっているらしく、しらふではおとなしいのですが、酔うと家族に文句を言ったり、暴言をはいたりするということでした。理恵さんもパートタイムの仕事に出ています。

娘の優花さんに発達の遅れはありません。幼稚園に入園してから半年間ほどは、登園を嫌がって泣いていました。登園してもなかなか他の園児のなかに入ることができなかったということです。

小学校でもおとなしかったのですが、勉強はよくでき、少数の友だちと仲良くしていました。中学校入学後、クラスに同じ小学校出身の子がいなかったこともあり、なかなか女子のグループに入ることができない状態が続いていました。そのため、思い切って吹奏楽部に入ることにしたそうです。パーカッション担当になり、まじめに練習に励んでいました。

夏休み明けから、朝になると頭痛、めまい、吐き気を覚えて、ベッドから起きられず、学校を休むようになりました。小児科を受診しましたが、からだに異常はみつかりません。そこで、小児科から紹介され、思春期外来にやってきたのです。

診察室では「べつに」「ふつう」と答えるだけで、それ以上話が深まる様子がありません。理恵さんの話では、自宅で漫画を読んですごしているということでした。

理恵さんは、何とか登校させようとして、朝になると何度も声をかけるのですが、布団を頭からかぶって起きる様子がありません。

お父さんはというと、晩酌しながら、「ズル休みをするな」「怠けるな」「根性を出せ」と娘を怒鳴りつけるということでした。

不登校という診断で治療が始まりました。二週に一度通院してもらい、診察終了後に理恵さんとも面接を行います。診察では、言葉でのやり取りがむずかしそうなので、オセロで遊ぶことにしました。

診察に訪れてから一か月。不登校は続いているものの、ようやく口を開いて話をしてくれるようになりました。

「吹奏楽部の練習を休んでいるので、みんなに申し訳なくてしかたありません。私の入った吹奏楽部は全国大会にも出場するようなところなんです。だから練習熱心で、部活の同級生から何度も練習に来ないかという電話やメールがあるんです」

そのため、自宅にいても十分な休養にはならないようでした。

理恵さんによると、小さいころから自分の気持ちをはっきり言わず、言ったとしても小声で短く話すだけだったそうです。理恵さんが先回りして、娘の気持ちを決めつけてしまうことも多かったということでした。これからはパートタイムを辞めて、娘と一緒にいる時間を大切にしたいと考えているといいます。

通院を始めてから三か月後、少し変化がありました。学校はいまだに休んでいますが、かつて通っていた塾に再び行くようになったのです。加えて、これまでは外出も避けていたのですが、土曜日や日曜日に理恵さんと一緒に買い物に出かけるようにもなりました。

どの家庭でもあることだと思っていた

理恵さんと面接すると、話はいつしか自分の生い立ちに及びました。

父親は会社員で母親は看護師でしたが、一八歳のときに父親を胃がんで亡くし、その一年後には、母親も交通事故で亡くしたそうです。

「立て続けに両親を亡くしたので、とてもショックで、何も手につかなくなり、毎日、泣いてばかり。将来のことがまったく考えられなくなりました」

その後は、父方の祖父母に面倒をみてもらい、高校卒業後、保険会社に就職しました。そして、友だちの紹介で今の夫と結婚。付き合っているときからよく酒を飲み、結婚後は飲酒量がさらに増えたということです。酔うとグチをこぼすことも多くなり、時に暴言をはくようにもなりました。ただ、このようなことは他の家庭でもあることだと思っていました。

理恵さん自身も娘と同じように、人前で思ったことをうまく言えません。酔っては暴言をはく夫のことで悩んでいましたが、両親は亡くなっており、友だちも少なく、相談する相手がいません。

不調を来たし、うつ病で一時精神科に通院したこともあったそうです。娘が四歳のころでした。

「夫の飲酒を止めさせることはできません。子どもたちが夫を不機嫌にさせないようにと思い、いつも注意していました。娘が不登校になって夫が怒り出したので、何とか登校させようとして初めのうちは娘を叱りつけていました」

ただ、時間が経つにつれ、違う考えが芽生えたようです。

「でも一緒に通院するようになってから、夫の気持ちを優先させるのではなく、娘の気持ちを優先して考えることができるようになりました。今は、娘が登校できるようになるまで見守りたいと思います。夫が多少不機嫌でも、病院に来てグチをこぼせますからね」

夫は、大学に進学したかったけれども経済的な理由で進学をあきらめて会社に就職しました。職場では学歴のことで苦労したと理恵さんによく話していたようです。酔うと繰り返し、子どもたちに「大学に行け」と言うのだとか。

通院を始めて六か月。授業にはまだ出られないのですが、放課後の部活の練習に参加するようになりました。

「ちょっと緊張するけど、みんなが待ってくれているので、練習に出ることにしました」

理恵さんによると、自宅では以前よりずっと話しかけてくるようになったということです。学校でのできごと、理恵さんの言葉で落ち込んだこと、お父さんへの不満などを話してくるのだとか。

その後も夫の晩酌は相変わらず続いています。しかし、夫が「登校しろ」と口にしても、「命令されなくても必ず登校するから」と言い返すようになったとのことでした。

中学二年生でクラス替えがあってから、休まず登校するようになりました。部活では全国大会にみんなと一緒に参加することができたということです。その後も休むことなく登校し、中学校卒業と同時に治療は終了となりました。

高校では仲の良い友だちができて、元気に登校していたということです。現在は福祉関係の専門学校に通学しています。


理恵さんは、飲酒しては暴言をはく夫を、不機嫌にさせないように気づかうしかできませんでした。子どもたちの気持ちよりも夫を優先させてきたのです。他の家庭でも同じようにあることだと考えて、がまんしてきたのでした。

娘が不登校になっても、当初は夫が怒るからという理由で、何とか登校させようとし、厳しく叱りつけていました。

通院を開始してから、理恵さんはようやく自分の気持ちを診察室で語ることができるようになりました。そのなかで、子どもたちへのかかわり方の問題に気づき、仕事を辞めて子どもと一緒にいることを決心したのです。

家族の飲酒にまつわる問題を他人に話すことは、なかなか難しいかもしれません。通常であれば頼りにできる母親もすでに亡くなっています。娘の不登校で思春期外来を受診してはじめて、安心して話せる場所がみつかったのでしょう。精神科医に自分の気持ちを打ち明けることで、こころの片隅に追いやられていた母親らしい気持ちに気づくようになったのです。

ただ、夫の飲酒にともなう行動は変わっておらず、残念ながら、家庭の根本的な問題が解決したとはいえないかもしれません。

6　姑の視線に縛られる

三世代同居家族には、家事や育児でおじいさん、おばあさんに協力してもらえるという大きなメリットがあります。子どもたちからすれば、両親が共働きの家庭なら、学校から帰ってきたときにおじいさん、おばあさんがいてくれることで、大きな安心感が得られるでしょうし、お母さんにしてみれば、子育ての先輩であるおばあさんからの助言は、育児に対する不安をきっと軽くしてくれるでしょう。

しかし、三世代同居はよいことばかりとは限りません。とくに、夫の親と同居する嫁の精神的負担は、かなりのものになるはずです。

嫁と姑との間で行き違いや緊張が続くようなら、その影響は、周囲の家族にも広がっていくことでしょう。なかでも最も弱い立場にある子どもたちへの影響は避けられません。そんな事例をここではご紹介しましょう。

借りものの家に住んでいる智美さん

智美さんは、娘の綾乃さんを連れて思春期外来にやってきました。高校三年生になる娘に食欲がなく、体重が減っているというのです。

智美さんの家族は、夫と義理の母を加えて四人家族。一家で老舗の菓子屋を営んでいるということです。

綾乃さんに発達の遅れはありません。幼稚園のときはおとなしく、手のかからない子で、自宅でも絵本を読んだり、折り紙を折って遊んだりしていたということです。

小学校に上がると、何人かの友だちができて、放課後に一緒に遊んでいました。家族が店の仕事で忙しいため、子ども一人で食事をとることが多かったとか。親に対してベタベタと甘えてきたり、悩みごとを相談してきたりといったことは、ほとんどありません。

智美さんによれば、「親の言うことをきくのよ」「親に反抗してはいけない」「親に迷惑かけてはいけない」と言い聞かせてきたということです。

中学校に入ると、食事の量が徐々に少なくなり、肉類や脂っこいものを食べなくなりました。ただし、この頃はまだ標準体重を維持していたのです。

高校に入ってからもあまり食事をとらない状態が続き、三年生の六月には生理が止まりました。八月には四二キログラムあった体重も、一〇月には三三キログラムにまで減少し、やせすぎだと傍目にもわかるようになりました。養護の先生の勧めもあり、一一月になって思春期外来を訪れたというわけです。

顔色は蒼白で、見た目にもはっきりとやせているのがわかります。身長は一五二センチメートルで、体重三三キログラム（標準体重の七一％）。質問には短く答えるだけでしたが、太りたくないという気持ちを強くもっていることがうかがえます。

神経性やせ症の疑いという診断がくだり、二週間に一度通院してもらうことになりました。診察の後にお母さんの智美さんとも面接します。

通院が始まってから三か月。体重は減り続けて、二七キログラム（標準体重の五八％）になっていました。ひとまず大学進学はあきらめて、入院して治療に専念してもらうことになりました。

静脈に直接栄養を注入する高カロリー輸液が行われ、ひとまず危険な状態を脱することができました。並行して、作業療法に参加してもらいます。籐でかごを編んだり、皮で財布を作ったりするうち、作業療法士に家のことや学校の友だち関係のことをよく話すようになりました。

親子が逆転していた

智美さんとの面接では、彼女自身の生い立ちの話になりました。

父親は自動車整備士で仕事一筋の頑固な人。母親はパートタイムに出ており、一緒にいた記憶がほとんどありません。いつも一人で留守番をしていました。

今の夫とはお見合い結婚です。結婚後に義理の母（姑）と同居するようになり、店を手伝いながら、子育てする生活が始まりました。

姑はとても口うるさく、店の仕事が満足にできない智美さんを頻繁に注意してきます。子育てにもたびたび口をはさんでくるので、智美さんは思い通りの子育てができません。姑の顔色をいつもうかがいながら、店の手伝いや子育てをしてきたということです。娘を厳しくしつけたのも、姑からしつけがなってないと叱られたくないからでした。

夫は菓子屋の一人息子で、後継ぎと期待されて育てられてきました。結婚後は店の仕事を智美さんにまかせ、外回りの営業ばかりしています。そのせいか店の仕事をしっかりと教えられた記憶がありません。姑のことで相談しても、何も意見してくれません。「言われたとおりにしたらいい。我慢しろ」と言うばかりです。いつしか夫に相談するのをあきらめ、娘に対し、夫や姑についてのグチをこぼすようになったそうです。

そんな自分の家を智美さんは「借りものの家なんです」と表現しました。

しだいに食事を普通にとれるようになり、綾乃さんの体重が増えてきたので、高カロリー輸液は中止になりました。入院から四か月後に退院しましたが、そのときには四八キログラムになっていました。

退院後も、相変わらず肉や脂っこいものを避けていましたが、体重が減るようなことはありませんでした。

智美さんによると、娘の綾乃さんから「嫌だ」とはっきりと言われることが多くなったそうです。智美さんがふるまう食事や店の手伝いを拒否するようになったのだとか。

智美さんはこんな感想を漏らしました。

「今まで綾乃を抑えすぎたのかもしれません。これまではどうしても姑の目が気になってしかたありませんでした。それに、私が綾乃にグチをこぼしていたのも苦痛だったのでしょう。むしろ、綾乃のほうが私に学校であった悩みごとを相談したかったのだろうと思います。親子関係が逆転していましたね」

徐々にですが、娘の気持ちを理解するようになってきたようでした。

綾乃さんは高校卒業後、進学せずに自宅で過ごすことにしました。進路については、夫がよく相談にのっています。夫は智美さんに対してもねぎらいの言葉をかけてくれるようになったということです。

五月の連休明けから、車の免許をとりたいと言い出して、自動車学校に通い始めました。治療を始めて七か月が経ちました。一日三食をしっかりと食べています。車の免許も無事に取得できました。夫が面倒をみてくれて、一緒にドライブに出かけたり、将来の仕事について頻繁に相談にのったりしているようです。

その後、車通勤が可能なレストランで厨房のアルバイトを始めました。休まず仕事に励み、休日には高校時代の友だちと遊びに出かけています。

治療を始めて九か月後、綾乃さんが診察室で打ち明けてくれました。

「お母さんはおばあちゃんの悪口ばかり言っていました。今までそれを聞いているのがすごく嫌だった。聞きたくなかった。お母さんにとっては他人でも、私にとっては血のつながったおばあちゃんなんです。私にはやさしいところもたくさんあるのに、お母さんはおばあちゃんの悪口ばかり言う。もう聞きたくない」

そう言って、智美さんに対する不満を口にしました。

その後、綾乃さんの体重が減ることはなく、普通の量の食事をとれているということです。生理も数か月ぶりで認められるようになりました。

母娘そろっての希望で、一年六か月間で治療は終了しました。その後、綾乃さんから結婚したという葉書が主治医のもとに届きました。

智美さんが「借りものの家」と表現したように、智美さんと綾乃さんが暮らす家庭は家族の絆に乏しかったようです。智美さんは、お姑さんから仕事や子育てについてあれこれ指示され、従うしかありません。頼りにしているはずの夫も見て見ぬ振りで、家のなかで孤立無援の状態でした。

そのため、気持ちのはけ口が娘の綾乃さんに向かったわけです。

お母さんのグチを聞かされた綾乃さんは、自分の言いたいことをはき出す先がありません。いつしかこころの容量は限界に達します。その苦しい状況から目をそむけるために、体重にこだわるようになったと考えることができるでしょう。

治療が始まってから、智美さんは少しずつ、娘の気持ちを理解し、自分自身や家庭の問題に気づくようになりました。そのようなお母さんの変化に呼応するように、娘の症状も回復していったのです。

家族のなかでは、一番弱い立場の人にストレスが一番強く加わります。その結果、精神的な症状が現れやすくなるのでしょう。家庭の場合、そうした影響を受けやすいのは、たいてい子どもです。

智美さんの家では、娘の綾乃さんに症状が出ました。しかし、苦しかったのは、綾乃さんだけではありません。家のなかで「嫁」であり、「妻」であり、「母親」であるという三役をこなさなくてはいけない智美さんも十分につらい思いをしてきたのです。

智美さんを窮状から救い出すには、夫による支えが不可欠でした。治療が進むにつれ、夫は智美さんを支える姿勢を示し、娘とも頻繁にかかわるようになりました。娘の病気をきっかけに家族の絆が強まっていったとみることができるでしょう。「借りものの家」が初めて「本当の家」になった瞬間だと思います。

姑に責められる前に叱る美香さん

美香さんは、娘の菜月さんを連れて思春期外来を訪れました。中学二年生の菜月さんに食欲低下と吐き気が見られるというのです。

美香さんの家族は、夫、菜月さんの姉と妹、それに夫の両親を加えた七人家族です。

保育園時代から活発で、遊具で遊んではたびたび怪我するような子どもでした。女の子よりも男の子の友だちのほうが多かったようです。小学二年生のときに転校し、当初は友だちがなかなかできずに登校を嫌がることもあったそうですが、その後は休まず登校しています。

中学校に入学してからは、吹奏楽部に入部して、まじめに練習に励んでいました。

中学二年生の二学期を迎え、演奏会が近づいて、土曜日や日曜日も練習のため登校するようになりました。さらにこの時期から英語塾に週三回、通うようにもなったのです。

このころ、給食の時間に教室で突然、嘔吐するという出来事が持ち上がりました。その後も食欲低下と吐き気がずっと続いたままになっています。

なかなか治らないため、総合病院の小児科に入院し、さまざまな検査を受けました。しかし、結局、からだの異常はみつかりません。そのため思春期外来を紹介されたのです。

生気のない表情で、主治医が何を尋ねても「わからない」「知りません」「何もありません」と答えるだけでした。

身長は一五九センチメートル、体重四六キログラム（標準体重の八七％）で、著しくやせているというわけではありません。食欲低下と吐き気は依然として続いているようです。

美香さんは、娘の菜月さんに症状がみられるようになった原因は、自分の育て方が悪かったからではないかと述べ、自分をひどく責めていました。

身体表現性障害という診断で、治療を始めることになりました。二週間に一度通院してもらい、診察終了後に、美香さんとも面接を行います。

通院を始めてから一か月経っても、食欲低下と吐き気は続いたままでした。相変わらずほとんど話をしてくれません。

美香さんはこんなふうに言います。

「菜月は学校であった出来事を私に話すということがありません。私の言うとおりになんでもしてくれる本当に手のかからない子でした。だから、育て方はこれでいいんだとずっと思っていました」

通院を始めて三か月。菜月さんの食欲低下と吐き気は相変わらず続いています。ただ、少しずつ話をしてくれるようになりました。

「私には土曜日も日曜日もないんです。学校の授業、部活、塾があり、毎日やらなくてはいけないことがたくさん決まっている。どれも休むことができない。私には空き時間が全然ないんです」

そう言って泣き出しました。

一方、美香さんは自分の子育てを振り返っていました。

「私は結婚後から夫の両親とすぐに同居しました。夫は電気設備の仕事をしていますが、不規則で休日や夜にも出勤することがありました。夫の親に頼ることはできず、三人の娘の子育ては私が一人でやってきました。

私は子どもたちをよく叱って育ててきました。同居している姑が厳しい人なので、姑から何かを言われる前に子どもたちを叱っていたんです。姑は子どもたちの行儀や挨拶、靴のそろえ方、箸の持ち方などがなってないと私に口うるさく言ってきました。そのため、姑に何か言われないようにしようと思い、子どもたちを口うるさくしつけてきたんです。同じ姉妹でも菜月だけがそれを素直に聞き入れ、私が言うとおりにしてくれました」

通院を始めて四か月が経ちました。登校しているものの、毎朝出かける前に嘔吐を繰り返しています。でも、食欲は少し出てきたとのことでした。休日に自宅でクッキーやドーナッツを作ることもあるそうです。また、お母さんと夜一緒に寝たいと求めるようにもなりました。美香さんはそれを拒否することなく受け入れています。

家庭では甘えた様子をみせるようになった一方で、診察室では母親への不満も口にするようになりました。

「お母さんは口うるさいので、大嫌いです。寝ながらテレビを観るな、暗いところで本を読むな、おやつを食べ過ぎるななどと細かいことをいちいち注意してくる」

さらにおばあさんについても、こう言います。

「おばあちゃんはお母さん以上に口うるさい人なんです。髪を伸ばすな、スカートが短すぎる、服の色が派手だなどと言ってきます」

長い目で見ようという気持ちに

通院を始めて四か月が経ち、冬休みが明けて、三学期が始まりました。吐き気を訴えて、学校を時々休んでいます。

この日の美香さんとの面接では、自身の生い立ちの話になりました。

父親は工員で厳格な人だったそうです。自分の考えがいつも正しいと主張し、他の人の意見を聞き入れることはありません。

母親は病弱な人でしたが、「明日は何とかなる。クヨクヨ考えるんじゃないよ。必ず幸せになれるから」とポジティブに物事を考える人であったということです。父親から無理なことを言われても、それに耐えながら生活していました。

高校卒業後、地元の銀行に就職。上司の勧めで現在の夫と結婚し、夫の親との同居が始まりました。

姑は子どもが親に尽くすのが当然という考えを持った人でした。自分の言うことが一〇〇%正しく、相手が別の考えを持つことを許しません。

通院を始めて五か月が経ちました。春休みになって、吐き気はほとんど起きません。娘の菜月さんは自分がやってほしいことや欲しいものをはっきりとお母さんの美香さんに言うようになりました。

美香さんは、育て方が悪いと姑から責められるので、娘の病気を早く治したいと当初は焦っていましたが、今は長い目で見ようという気持ちになったと述べました。このところ、しばしば娘と二人で買い物に出かけています。

中学三年生になって、クラス替えがありました。吐き気や嘔吐はありません。食事も普通に食べています。五月には、修学旅行がありましたが、嫌がることなく参加しています。

その後、高校に合格し、その時点で治療を終了しました。高校で吹奏楽部に入り、熱心に練習に励んでいるということです。

☞美香さんは同居していた姑から育て方が悪い、しつけがなってないと言われることが苦痛でした。そのため、姑に言われる前に、自分から子どもたちに口うるさく注意し、叱ってきました。

頼りにしたい夫は仕事が忙しく、一人で子育てをしなくてはなりません。しかし、姑の攻撃から自分自身を守るのに必死になっていたため、娘の気持ちに目を向けることができません。子どもたちが自ら行動するのを待つことができず、ひたすら先回りして注意ばかりしてきました。

そんな状況下で、子どもたちのなかで一番従順にしたがってくれていた菜月さんに、中学生になって身体症状が現れるようになったのです。

通院が始まったことで、美香さんの態度も一変しました。診察室で自分の本音を話し、それを批判されることなく、しっかりと受け止めてもらうことで、こころに余裕が生まれ、自分自身でも気づいていなかった気持ちをようやく自覚するようになります。

　お母さんが娘をありのまま受け止めることができるようになると、娘の身体症状も消失し、元気な姿へと変化していったのです。

　三世代家族には、子育てや家事を分担してもらい、お母さんの負担が減るというプラスの面もあります。ただし、プラスの面ばかりとは限りません。嫁と姑とのあいだで葛藤が生じると、最も弱い立場の子どもたちにさまざまな影響がもたらされることもあるわけです。美香さんの家族はその典型例だったと言えるでしょう。

姑に監視されていた恵さん

　恵さんは、娘の桃子さんを連れて思春期外来にやってきました。高校二年生になる桃子さんが髪の毛を抜くというのです。

　恵さんの家族は、夫と桃子さんの妹、夫の母親を入れて五人家族です。恵さん一家は、桃子さんが生まれたのち、新築した家に引っ越して、姑と同居するようになりました。

　娘の桃子さんに発達の遅れはありません。幼稚園時代は内弁慶で、外ではおとなしいのですが、自宅では言うことをきかない子であったということです。小学校時代に大きな問題はなく、学校を休むこともありません。

中学校入学後から、頭髪の毛を抜くにようなり、髪の抜けた跡が目立つようになりました。中学三年生のときに皮膚科を受診しましたが、その後も治まることはありません。

全日制高校に入学した後、症状はいったん治まりました。美術部に入り、学校を休むことなく登校していたということです。

ところが、九月になって仲良くしていた女子の同級生とうまくいかなくなると、再び髪の毛を抜くようになりました。毛が抜けた跡も少しずつ広がって、学校も休みがちになったのです。そこで、思春期外来にやってきたのでした。

診察すると、頭頂部に直径五センチメートルほどの丸く髪が薄くなった部分があるのがわかります（脱毛巣と呼びます）。しかし、本人にさほど気にしている様子がみられません。質問にも短く答えるのみで、詳しく自分の気持ちを語ろうとはしませんでした。

恵さんによると、桃子さんは小さいころから文句ばかり言う子で育てづらかったということでした。そのため、叱ることが多かったようです。一方、桃子さんの妹は、素直で育てやすい子であったといいます。

抜毛症という診断で、治療を始めることになりました。二週間に一度通院してもらい、診察終了後には恵さんとも面接します。

言葉でのやりとりが難しそうだったので、桃子さんには診察室で絵を描いてもらうことにしました（描画法と言います）。

通院を始めて一か月後。不登校や毛を抜く行動に変化はありません。欠席が多く、進級が危ないということです。通信制高校への転学を考えていると話してくれました。

恵さんは「どうして登校できないの。髪の毛を抜くのを止めなさい」などとつい叱ってしまう、と話していました。

通院を始めてから二か月が経ちましたが、不登校や症状に変わりはありません。ただ、少しずつ話をしてくれるようになりました。

「高校に入学して一か月が経ってから、クラスのリーダー格の女子に嫌われるようになったんです。それまで仲良くしてくれた女子も私に冷たい態度をとるようになりました。それからずっと私はクラスで一人きりです。休み時間がとてもつらくて耐えられなくなったんです」

不登校になったきっかけを泣きながら話してくれました。

恵さんによると、今の高校に通うのは難しいので、通信制高校に転学するということでした。

通院を始めて三か月が経ちました。通信制高校に転学し、登校日に休まず通っています。毛を抜くことが少なくなり、脱毛巣も外から見てほとんどわからなくなりました。

「転校には勇気が必要だったけど、全日制高校では登校できないので、通信制高校に決めました。クラスの人数が少なく、毎日登校するわけではないので、とても気持ちが楽になりました」

そんなふうに話してくれました。

恵さんは、これまでのしつけを振り返り、次のように述べています。

「桃子は幼いころから私の言うことを聞かず反抗してばかりいました。夫は子どものすることなすことすべてに『いいよ』と言う人で、桃子を叱ることもありません。それで私が父親代わりになって桃子を叱ってきたような気がします」

通院を始めて六か月が経ちました。再び毛を抜くようになっていて、脱毛巣が大きくなりました。そのため、桃子さんはウィッグを着用して診察室に現れたのです。

「小さいころからお母さんに叱られてばかりいたんです。私が泣いている姿をお父さんが見ては、お母さんに対して『そんなに怒るな』と言ってくれました。でも、その後で、『あんたのせいで私がお父さんに怒られた』とお母さんから怒られました。こんな怒られ方ってないですよね」

そんなふうにこぼします。続けて、こんな話もしてくれました。

「私はお母さんからおばあちゃんのグチばかり聞かされて育ちました。おばあちゃんは私にお小遣いをくれることもあり、やさしいおばあちゃんなんです。お母さんにとっては血のつながりのない人かもしれないけど、私にとって血のつながったおばあちゃんなのだからおばあちゃんに対するグチは聞きたくなかった」

恵さんによると、娘がこれまで以上に自分の意見をはっきりと言ってくるので、自宅ではぶつかってばかりということでした。

姑にいつも観察されているように感じていた

通院を始めて一〇か月が経ちました。桃子さんが毛を抜く機会はまた減って、脱毛巣も目立たなくなりました。通信制高校にも休まず通っています。

恵さんとの面接では、生い立ちの話になりました。

両親とも会社員の共働き家庭で育ちました。三人姉妹の長女で、仕事で忙しい母親に代わって、食事の支度や洗濯などを引き受けていました。年下の妹たちのめんどうもよくみていたということです。

子ども時代からがまんすることが多く、親や妹たちが満足するのであれば自分はがまんしてもかまわないと思いながら育ったということです。

そのため、娘の桃子さんにも自分と同じようにがまん強い子になってもらいたいと考えていました。不満や文句ばかり言う桃子さんに対して、がまんすることをまずは教えてきたつもりだと言います。

桃子さんの出産後に姑と同居しました。姑は家事や子育てのやり方の細かいところまでよく監視してくる人でした。「それで本当にいいのか」「それは変えたほうがいい」などと自分の意見を繰り返し言ってくるのです。自分の行動がいつも姑に観察されているように感じ、文句ばかり言われる生活がつらくてしかたありません。

そんな不満を誰にも話すことができず、ひたすら自分のこころにため込んでがまんしてきましたが、娘が小学校高学年になると、姑に対するグチをこぼすようになりました。娘もそれを嫌がらずに、だまって聞いていたということです。

恵さんは、面接を終えると、スッキリしましたと言って帰っていきました。

通院を始めて一年が経ちました。毛を抜く行動はみられなくなり、脱毛巣もほとんど消えました。アルバイトを探しているそうです。通信制高校での休み時間も、いつも友だちと一緒にいて、寂しい思いをすることがないということでした。

「このごろは、お母さんとうまくいっています」

そんなふうに報告してくれました。

「全日制高校時代は友だちなんていなくても生きていけると思っていました。でも、今はそうは思いません。アイドルや男子の話をしながら、一緒に真剣に考えてくれたり、笑えたりする友だちがいつも身近にいてくれて本当に心強い。自分を飾らなくても友だちは受け入れてくれます。全日制高校時代は、同級生の前でつまらないことやバカにされるようなことを言わないようにしようといつも意識して疲れました。それで自分から話すことができず、友だちを作ることもできませんでした」

一方、恵さんはこんなふうに述べています。

「病院でこれまでためていた気持ちを吐き出してからは、桃子にきつく言うことがなくなりました。桃子が多少反抗的なことを言ってきても、時間をかけて話し合って、お互いが折り合いをつけられるようになりました。桃子だけではなく、私も通院して本当によかったと思います」

通院を始めて一年二か月後、桃子さんはアルバイトが決まって、毎日、仕事に行っているということでした。毛を抜く行動もまったくありません。親子二人の希望で、この日で治療は終了しました。その後、桃子さんは、専門学校を経て、金融関係の会社に就職しました。

恵さんは、同居していた姑から家事や子育てのやり方の細かいところまで監視され、小言を繰り返し聞かされてきました。それがつらくてしかたありません。

しかし、不満を聞いてくれる人は身近にいませんでした。そのため、気持ちのはけ口が娘の桃子さんになったわけです。娘もそれを嫌がらずに、だまって聞いてくれたのでした。

三世代家族において、恵さんのようなお母さんの立場はとてもビミョーなものです。もとは他人である人間と同居し生活するのですから、その苦労ははかりしれないものがあるでしょう。押しつぶされそうになったお母さんには、学校で傷ついてきた子どもたちを受け入れたり、励ましたりする余裕がありません。すると、甘えられなかった子どもたちの気持ちはイライラへと置き換わってしまいます。桃子さんの場合、それが自分の髪の毛を抜く行為となって現れました。ちょうどドミノたおしのように、お母さんがつまずくと、子どももつまずいてしまうわけです。

三世代家族で重要な役割を担っているのは、子どもたちのお父さんですが、家族の問題から逃げていることが多いようです。よかれと思って行動しても、偏った対応をとってしまい、家族全体がさらに混乱してしまうこともありがちです。

家族であっても、多くの人が同じ屋根の下でともに生活をすることは本当にむずかしいものだと思います。

7　親の言葉が子育てを支配する

子ども時代に親から繰り返して言われた言葉が、妙に記憶に残っているということはないでしょうか。その言葉が、「あなたなら大丈夫」「あなたならできる」というようなポジティブなものであれば、大人になって行き詰ったときにも励みになり、勇気づけてくれることでしょう。

しかし、残念ながら、大人になってからも繰り返し思い出し、こころに深く刻まれて頭から離れることがない親の言葉には、ネガティブなものも少なくありません。たとえば、「何をしてもダメなんだから」「あなたにはどうせ無理」「こんなこともできないの」といったように。このような言葉が記憶に残り、大人になっても何かの問題にぶつかった際に思い出され、さらに追い詰められるということも、しばしば経験することでしょう。

さらに親の言葉が、その後の生き方を規定し縛ってしまうという場合もありえます。「他人に迷惑をかけるな」「弱音をはくな」「自分を犠牲にしても他人に尽くせ」などなど。このような親の言葉を無批判に受け入れてしまい、その言葉通りに生きていこうとして、大人になっても何かと生きづらさを覚える、そんなことになっている方にも、診察室でしばしばお目にかかります。

こうした親の言葉の呪縛から逃れるには、どこかで親を冷静な目で見つめ直し、より客観的に判断できるようになることです。親の言っていることがいつでも絶対に正しいわけではありません。完全な人間なんて、この世の中にはいない。親だって未熟なところがある人間です。

親の言葉の支配から抜け出すには、誰かにしっかりと自分の気持ちを聞いて受け止めてもらうことがまず必要です。自分の気持ちを整理して、それを言葉に置き換えることで、自分の気持ちや考え方を客観的に見つめ直すことができます。そうすると親の言葉に縛られている自分に気づく。そうすることで、今の生きづらさを乗り越えるスタートラインに立てるのです。

この章では、親の言葉に縛られて生きていたために、子育てが思うようにいかなかったお母さんたちを紹介したいと思います。

自分だけ幸せになるのは許されない真由美さん

真由美さんは、息子の翔くんと一緒に思春期外来にやってきました。高校一年生の翔くんが不登校だというのです。

真由美さんの家族は、夫と翔くんの弟を加えての四人家族。

真由美さんは翔くんの義理のお母さんで、実のお母さんは翔くんが生まれて間もなく病気で亡くなっています。その後しばらく父方の祖母が翔くんの面倒をみていたということです。

真由美さんが夫と結婚したのは、翔くんが三歳のときでした。それ以来、彼女が翔くんを育てています。翔くんが小学一年生のときに弟が生まれました。

幼稚園時代は無口で、小中学校になっても真由美さんの手をわずらわせたことがありません。学校を休むこともなく、友だちともよく遊んでいました。

高校入学後もおとなしくて目立たないことは変わりません。サッカー部に入部しましたが、練習を休みがちでした。

五月から朝になると頭痛や腹痛を訴えて、学校を休み出しました。小児科や内科を受診しましたが、からだの異常はみつかりません。その後も学校を休み続けたため、困り果てた真由美さんが思春期外来に連れてきたというわけです。

翔くんは顔立ちが幼く、おとなしそうで、主治医の質問にも表面的に短く答えるばかりです。

「翔を何とか学校に行かせようとして、毎朝叱りつけて登校させようとしましたがダメでした。こんなやり方では翔は登校できないのでしょうか」

真由美さんは不安そうに語ります。

「世間から継母に育てられたからダメな子になったと笑われないようにしようと思い、とにかく懸命に育ててきました。それなのに学校に行けなくなるなんて。でも、実のところ、これまで翔とは本当に気持ちが通じ合うことはなかったんです」

涙を流しながら、そう訴えました。

不登校ということで、二週間に一度通院してもらうことになりました。診察のあとに真由美さんとも面接します。

通院を始めてから一か月。不登校は相変わらず続いています。

「高校入学後、教室に入ると同級生からジロジロと見られたり、陰で悪口を言われたりする感じがするようになりました。それで、教室にいることがつらくなったんです。朝、学校に行かなくてはと考えると、頭痛と腹痛が現れるようになりました」

教室に入ると過敏になると、翔くんが初めて口にしてくれました。そこで、精神安定剤を飲んでもらうことにします。

「朝、登校するように言わずに見守っていますが、何も変わりません。休んではゲームばかりしています。本当にこのままでいいんでしょうか?」

真由美さんは何度も主治医に確認してきました。辛抱強く待つことが今は必要だと繰り返し伝えます。

通院を始めてから二か月が経ちました。表情が明るくなり、真由美さんとも以前よりもよく会話をするようになったという報告がありました。

「高校に入ってから、同じ中学校出身の遊び仲間がいっぱいいたんだけれど、本当に親友と言える人はいなかったんです。腹を割って話ができる友だちがほしかった。孤独だなあといつも感じていたんです」

そんなことを打ち明けます。

真由美さんによると、不登校の期間が長くなったので、学校を辞めたいと言い出すようになったということです。でも、夫と真由美さんは学校を続けるよう必死になって説得し、励ましているとのことでした。

加えて、姑が翔くんを引き取りたいと突然言い出してきたのだそうです。ただ、それは夫がきっぱりと断ってくれたのだとか。

「これまで翔のしつけに姑が口出しすることが多くて、腹立たしい思いをしてきました。でも、今回、夫がはっきりと言ってくれたので、気持ちが楽になりました」

継母だからと言われないように

通院を始めて三か月が経ちました。不登校は続いています。

「お母さんはいつも口うるさい。あれしろ、これしろと言ってくる。それに、弟のことばかりかわいがるんだ。本当のお母さんがいたらいいなあといつも思っています。昔、お母さんは弟には小づかいをあげるのに、僕にはくれなかったことがある。それを思い出すとお母さんに腹が立つんです」

そんなふうに真由美さんに対する不満を述べました。

真由美さんによると、今までは何か気に入らないことがあるとふくれて自室にこもるだけでしたが、最近はちゃんと自分の気持ちを真由美さんにぶつけてくるようになったということでした。

「私の一所懸命さが翔には負担だったんでしょう。翔と弟を差別したことはないのに、翔は差別されたと感じていたんです。子育ては本当にむずかしいですね」

この日、真由美さんとの面接では、彼女の生い立ちの話になりました。

六人きょうだいの末っ子です。会社員の父親は、真由美さんが二〇代のときに病気で亡くなりました。無口で仕事熱心な人だったということです。

一方、母親は、彼女が幼いころから仕事に出ており、参観日にも来てもらったという記憶がありません。はっきりとものを言う人だったということです。

今の夫と結婚するときにも、「子どもを二の次にして、自分だけが幸せになるんじゃないよ」と、きつく言われました。

この言葉をその後もずっと忘れたことはありません。姑や世間から、やっぱり継母だからダメなんだと言われないように、懸命に翔くんを育ててきたというのです。

「これまでどんなに一所懸命翔にかかわっても、翔の気持ちはわからないままでした。でも今回、不登校になってから翔の気持ちに少し近づけたような気がします。学校に行けるとか行けないとかはもうどうでもよくなりました」

夫についてもこんなふうに話します。

「夫は子育てに無関心で、私にすべてまかせっきりです。翔を注意したり、叱ったりするのもすべて私の役割なんです。夫に『もっと翔を注意してほしい』と言ったら、何と言ってよいかわからず、翔をいきなり叩いてしまったこともありました」

通院を始めて五か月が経ちました。空き教室に登校することができるようになったということです。それまで外出を嫌がっていたのが、家族みんなで外食したり、温泉に出かけたりすることも多くなりました。

通院を始めてから七か月。休まず空き教室への登校を続けています。教科によっては、みんなど同じ教室に入ることもあるようでした。

真由美さんによると、このごろは、ほしいものがあるとほしいとねだるようになったとか。これまではものをねだってくることはほとんどなく、親が与えるものに文句を言うこともなかったのです。

通院を始めて一〇か月後。休まず登校していました。空き教室には行かず、みんなと同じ教室で授業を受けています。

「元気でやっています。同級生の一人に車の好きな子がいて、話が合うんです。休み時間はいつもその子と話をしています。僕は将来、自動車整備の仕事に就きたいと考えています」

真由美さんからはこんな話が聞かれました。

「学校の話をよくするようになりました。友だちの名前が会話の中によく出てくるので、学校でもうまくやれているようです。でも先日は帰宅時間が遅かったので、その理由を翔に尋ねたら、『お母さんがうるさいからだ』とはっきりと言われてしまいました。私はこれまで翔を縛りすぎていたのかもしれません。今回の不登校で、翔と本当の親子になれた気がします」

休まず登校ができるということで、通院は一年間で終了しました。その後、翔くんは高校を卒業し、自動車関係の専門学校に進学しています。

真由美さんは、自分が継母であることに引け目を感じていました。連れ子を立派に育て上げられるのかという世間の冷ややかな視線を意識して、懸命に子育てに取り組んできたのです。その姿勢に拍車をかけたのが、「自分だけが幸せになるな」という母親からかけられた一言でした。

残念ながら、真由美さんのそうした懸命な態度は、翔くんにすれば、とても干渉的なものに映りました。翔くんは、本当の欲求を抑え、ありのままの気持ちを表に出さず、言われるままに、手のかからない子として中学生まで育ってきたのです。

ところが、高校生になると、真由美さんの期待に応えるのも限界に達し、不登校にいたりました。真由美さんの気持ちを優先するのではなく、同級生の気持ちや親友の意味を考え、自分が抱える葛藤と向き合うようになったのです。不登校というかたちで現実と少し距離をとることで、じっくりと自分自身と向き合う時間を確保できたのでしょう。

翔くんが不登校になって、治療が進むうち、真由美さんもこれまで誰にも話すことのできなかった自分の苦悩を精神科医に打ち明けるようになりました。自分の気持ちがしっかりと受け止められたと感じたことで、これまでを振り返り、自分の思いが翔くんを縛りすぎていたと考えられる余裕がもてたわけです。

不登校をきっかけに、翔くんは気持ちの表現が豊かになり、真由美さんに対しても遠慮せずに言いたいことが言えるように変化していきました。

このようなやり取りができるようになったことで、真由美さんは翔くんと本当の親子になれたという実感がもてるようになったのでしょう。

自分を殺して生きろと言われた裕子さん

裕子さんは、娘の美咲さんを連れて思春期外来を訪ねてきました。高校二年の美咲さんが不登校だというのです。

裕子さんの家族は、夫を入れて三人家族。公務員の夫は、非常に厳格で曲がったことを嫌い、「悪いものは悪い」というのが口癖です。そのため、裕子さんは夫にいつも気をつかって生活していました。

娘の美咲さんは、幼い頃から手のかからない子で、幼稚園では他の園児とも仲よく遊んでいました。裕子さんによれば、気配りができ、まわりに迷惑をかけない子になってほしいと育ててきたということです。

小中学校でも言いつけをよく守る素直な子で、反抗期もありません。ただ、学校であったできごとを裕子さんに話すということもいっさいなかったようです。

高校入学後にバレーボール部に入り、高校二年の夏休み明けからは顧問の先生に指名されて部長にもなりました。

ところが、高校二年の一〇月になって学校を休み出しました。裕子さんには不登校の理由がわからず、怠けていると厳しく叱りつけて、登校させようとしました。しかし、それでも休みが続きます。そこで、一一月になって、思春期外来にやってきたのです。

診察室に現れた美咲さんはとても緊張していて、質問にほとんど答えられません。代わりにお母さんの裕子さんが、これまでの経過や現在の状況について話してくれました。

裕子さんによると、娘の美咲さんは思春期外来を受診するのをとても嫌がっていたということです。まわりから特別な目で見られてしまうことを恐れていたようです。

不登校ということで、二週間に一度、通院してもらうことになりました。診察の後で、お母さんの裕子さんとも面接します。

通院を始めて一か月後、美咲さんは、重い口を開き、不登校に至った理由を詳しく話してくれました。

「バレーボール部の部長になってから、顧問と部員との間にはさまれて、部内をまとめることができず、ずいぶん悩みました。部員のみんなは私の言うことをきいてくれず、好き勝手に練習しています。私には部長の能力がないと自分を責め、登校できなくなりました」

このような部活での悩みをお母さんには打ち明けることができなかったようです。

一方、裕子さんは、娘を早く登校させようとして、買い物など外出の際に必ず美咲さんを連れ出すようにしていました。美咲さんはしぶしぶ付き合っているということです。

通院を始めて二か月が経ちました。不登校は続いています。このころになると、誘われても外出をいっさいしなくなりました。

「登校していないのに外出していると、近所の人たちからどう思われるだろうかと考えてしまいます。学校に行かないで遊んでいると思われるのが嫌なんです。不登校になって、本当に親に迷惑かけていると思います。でも今の私は動き出すことができないんです」

そう言って泣き出します。

自分が犠牲になっても

通院を始めて三か月が経ちました。同級生に誘われて、休日一緒に食事をしにいくことがあったということです。学校から進級には単位が足りないと告げられ、留年するなら学校を辞めたいと言うようになりました。

一方、裕子さんは自分の育て方に問題があったのではないかと言い出します。そして、自分自身の生い立ちの話になっていきました。

両親とも学校の先生でした。とくに父親は身勝手で自己中心的だったということです。母親は世話好きで、わがままな父親に対して文句も言わずに尽くし、近所づき合いをとても大切にしていました。

「自分を殺して他人につくすことを大切して生きなさい」

母親から、そう繰り返し言われていたということです。

そんな家庭だったので、両親にほめられたり、大切にされたりした記憶がほとんどありません。

公務員になり、職場結婚しました。結果的に自分の父親と性格が非常に似た男性を相手に選んでしまったようで、夫が不機嫌にならないようにいつも気をつかっています。また娘に対しても「自分が犠牲になっても他人につくすことを大切にするように」と母親からの教えをそのまま繰り返してきたのでした。

高校二年生の春休みに補習に出て足りない単位を補い、なんとか三年生に進級することができました。ただ、四月の始業式には出席できませんでした。

通院を始めて六か月が経ちました。不登校は続いています。

「クラス替えがあって、嫌いな男子生徒と一緒のクラスになってしまいました。それで登校することが嫌になりました」

登校できない理由についてそう述べていました。

一方、裕子さんは、こう語ります。

「これまでの美咲は反抗することがなく、親の言うとおりにしたがってくれる子でした。でも今は、私がやってほしいと思うことにことごとく反対します。今が美咲の反抗期だと思っています」

通院を始めてから七か月。お父さんと一緒に、朝ジョギングに出かけるようになったということです。

裕子さんとの面接でも、夫のことが話題になりました。

夫は小学校時代に両親が離婚しており、がんばり屋の母親のもとで育ったようです。短気で融通がきかず、娘の美咲さんが不登校になった当初も長々と説教をしていました。

「悪いものは悪い」「努力することが大切」「人には迷惑をかけるな」と型にはまった言葉ばかりが口をつくそうです。

通院を始めて八か月。美咲さんは数日続けて登校することができ、定期テストも受けることができました。

「美咲が登校できたのはうれしいけど、がんばり過ぎていないかと心配です」

裕子さんの口から娘を気づかう言葉がでるようになりました。

その後、再び登校できない日が続きます。球技大会や学校祭にも出ることができません。

「私はずっと同級生や部員のためにと思っていろんなことをやってきました。でも、ほかの人たちは自分勝手です。同級生や部活の部員と一緒にいても同じ気持ちになれず、自分だけが浮いているような気がしました。もう学校にはいられない。学校を辞めて誰も知らないところに行きたい。担任から通信制高校を勧められました。でもまだ決心できません」

通院を始めて一〇か月が経ちました。夏休みが終了し、学校が始まりました。

「学校をどうしたらよいか迷います。通信制高校に転学したほうがよいのか、それとも今の学校を休学したほうがよいのか決められません」

そんなふうに話してくれました。

通院を始めて一一か月。結局、通信制高校へ転学することを決めました。登校は週三回で、教室も一〇人ほどの少人数です。おかげで教室に入っても緊張しないということでした。

「みんなと仲良くしなくてはいけないと思い、同級生みんなに声をかけてきました。そうすると、今まで仲良かった子から『どうしてわざわざあんな人と話をするの』と怒られたことがあります。こんなことも学校に行けなくなった理由のひとつなんです」

そう言うと泣きだしました。

裕子さんによると、このごろは通信制高校の様子や今後の自分の進路についてよく話してくれるようになったということです。家事もよく手伝ってくれて、「私にまかせて」と言ってきます。

その後も休まず通信制高校に通い、卒業することができました。通院は一年七か月で終了しました。高校卒業後は専門学校に入学し、現在は保育士として元気に働いています。


☞裕子さんは、「他人につくすことを大切にするように」という母親の言葉を大事にしながら生きてきました。結婚後も、夫に対して気をつかい、自分を犠牲にした生活を送ってきたのです。娘にも同じような生き方を求めたものの、その娘が高校生になって不登校になってしまったわけです。

裕子さんは、娘と一緒に通院することで、周囲の人たちの気持ちを優先するのではなく、娘自身の気持ちを第一に考えようと心境が変化していきました。犠牲を払ってでも気づかわなければいけないのは、娘の気持ちだと気づいたのです。それまでは夫の機嫌を取ることに精一杯で、娘にがまんを強いてきたことに気づかなかったのでした。

相手につくすことで、よく思われたい、相手からほめられたいという気持ちが裕子さんのこころのどこかにあったのかもしれません。それには、子ども時代に両親から大切にされずに育ち、自己肯定感が乏しいまま大人になったことも関係しているのでしょう。相手につくし、賞賛や感謝を受けることで、自分の存在感を確かなものにしたいと、無意識に願っていたとしても不思議ではありません。

娘の学校でのつまずきを通じ、自分自身の生き方を振り返ったことで、自分と娘との関係を見直すことができたのではないでしょうか。

参考文献

Donath, O.: *#Regretting motherhood: Wenn muetter bereuen.* Albrecht Knaus Verlag, 2016.（鹿田昌美訳『母親になって後悔してる』新潮社、二〇二二年）

橋本やよい『母親の心理療法—母と水子の物語』日本評論社、二〇〇〇年

平木典子、柏木惠子編著『日本の親子—不安・怒りからあらたな関係の創造へ』金子書房、二〇一五年

井上忠司『「世間体」の構造—社会心理史への試み』講談社学術文庫、二〇〇七年

春日耕夫『「よい子」という病—登校拒否とその周辺』岩波書店、一九九七年

河合隼雄「児童の治療における親子並行面接の実際」『季刊精神療法』八巻、一一三—一一八頁、一九八二年

北村俊則＋こころの診療科きたむら醫院スタッフ『子どもを愛せないとき—ボンディング障害を知っていますか?』日本評論社、二〇二〇年

近藤卓『誰も気づかなかった子育ての心理学—基本的自尊感情を育む』金子書房、二〇二〇年

Martin, W.: *Stepmonster: A new look at why real stepmothers think, feel, and act the way we do.* Houghton Mifflin Harcourt, 2009.（伊藤幸代訳『継母という存在─真実と偏見のはざまで』北大路書房、二〇一五年）
村瀬嘉代子「親への援助アプローチ─援助者の内的・外的条件」『精神療法』二二巻、四八〇─四八七頁、一九九六年
信田さよ子『後悔しない子育て─世代間連鎖を防ぐために必要なこと』講談社、二〇一九年
岡田尊司『母という病』ポプラ社、二〇一二年
岡田尊司『夫婦という病─夫を愛せない妻たち』河出書房新社、二〇一六年
岡宏子、小倉清、上出弘之、福田垂穂編『親子関係の理論3　病理と治療』岩崎学術出版社、一九八五年
大河原美以『ちゃんと泣ける子に育てよう─親には子どもの感情を育てる義務がある』河出書房新社、二〇〇六年
大河原美以『子育てに苦しむ母との心理臨床─ＥＭＤＲ療法による複雑性トラウマからの解放』日本評論社、二〇一九年
斎藤学『「毒親」って言うな！』扶桑社、二〇二一年
櫻井茂男『完璧を求める心理─自分や相手がラクになる対処法』金子書房、二〇一九年

Stern, D.N., Bruschweiler-Stern, N., & Freeland, A.: *The birth of a mother: How the motherhood experience changes you forever*. Basic Books, 1998.（北村婦美訳『母親になるということ—新しい「私」の誕生』創元社、二〇一二年）
武井明『ビミョーな子どもたち—精神科思春期外来』日本評論社、二〇一二年
田中茂樹『去られるためにそこにいる—子育てに悩む親との心理臨床』日本評論社、二〇二〇年

おわりに

この本に登場するお母さんたちはみなさん、率直に自分の気持ちを明かし、子どもや夫、自分の親との関係を冷静に振り返ってとらえ直しています。面接を通じて自分の気持ちがしっかりと受け入れられ、わかってもらえたという体験を積み重ねることで、精神的な成長を遂げていったといえるでしょう。

どのお母さんたちも、困難に直面しながら、それを乗り越え変わっていこうとする力強さを持っていたということに、改めて感動させられます。成長するのは、決して子どもたちばかりではないのです。はたして、自分が同じ立場だったら、こんなふうに振る舞えるでしょうか。それを考えると、どうも自信がありません。医局の先輩から「人は人がかかわることで成長する」という言葉を繰り返し聞かされましたが、それを改めて実感しました。

思春期外来がそのような成長の場を提供できていたとすれば、嬉しいのですが。今後もこころの問題で悩む親子が気軽に相談に訪れることのできる場であり続けるべく努め、後輩にバトンを渡していければと思います。

本書を終えるにあたって、思春期外来で出会った多くの子どもたちとお母さんたちにこころから感謝いたします。とくにお母さんたちとの面接からは数多くのことを学ばせていただきました。みなさんとの出会いがなければ、本書を記すことはできませんでした。

また、精神科臨床の実践について、一緒に働きながらさまざまなご助言をいただいている市立旭川病院精神科の原岡陽一先生、佐藤譲先生、ならびに六条医院の太田充子先生に改めて感謝いたします。

最後に私のこれまでの臨床経験をまとめる機会を与えていただき、懇切丁寧な編集をしてくださった日本評論社の小川敏明氏にお礼申し上げます。

二〇二四年一二月

武井　明

著者紹介

武井 明（たけい・あきら）

市立旭川病院精神科統括診療部長

1960年北海道倶知安町生まれ。旭川医科大学大学院修了。同大学保健管理センター講師を経て、現職。医学博士。2009年、日本箱庭療法学会河合隼雄賞受賞。専門は臨床精神医学全般であるが、とくに思春期の子どもたちの診療に力を注いでいる。著書に『ビミョーな子どもたち』『子どもたちのビミョーな本音』（いずれも日本評論社）、『子ども虐待と関連する精神障害』『子どもの心の処方箋ガイド』（いずれも共著、中山書店）、『児童青年精神医学セミナーI』（共著、金剛出版）。

子育《こそだ》てにとまどう母親《ははおや》たち

思《し》春《しゅん》期《き》外来《がいらい》で明《あ》かされたそれぞれの事《じ》情《じょう》

2025年2月10日　第1版第1刷発行

著　者　武井 明
発行所　株式会社日本評論社
〒170-8474　東京都豊島区南大塚3-12-4
電話　03-3987-8621［販売］
-8601［編集］
https://www.nippyo.co.jp/
印刷所　港北メディアサービス株式会社
製本所　株式会社難波製本
装　幀　大村麻紀子

ISBN 978-4-535-56444-2